いま、大学で何が起こっているのか

日比 嘉高 著
HIBI Yoshitaka

ひつじ書房

目次

はじめに

大学は今、何度目かの転機を迎えている。

現在の政権は、「イノベーション」と彼らが呼ぶものを求めて大学に「自己改革」を迫っているし、そうでなくとも一八歳人口の減少は、大学をさらなる淘汰の渦に巻き込んでいる。「生き残り」という穏当でない言葉が、大学の執行部から聞こえてきても、もはや何の驚きも感慨もない。

いま、大学に求められているのは競争力であるそうだ。競争の相手は、「世界」であったり、海外の大学であったり、国内の競合大学であったりとさまざまだが、いずれにしても各大学は「生き残り」や「勝利」をかけて、経営的な努力をせねばならないとされる。経営、効率化、選択と集中、評価、年俸制、イノベーション、ガバナンスなどなど、気がつけば大学を語る言葉に企業経営に由来するらしき用語が溢れるようになった。

経営努力をするのは当たり前だ、という声が聞こえるような気もする。たしかに、財政状況が悪い中、無反省に大学にお金が注ぎ込まれるのだとしたら、ちょっと待てといいたくなるのもわかる。だが、すでに大学への予算は絞りに絞られ、目標と計画と報告と評価の縄で、がんじがらめだ。放漫経営を心配している人がいるとすれば、とうにそれは杞憂である。

本書を通して、つまるところ私が主張したいのは、大学の創造性を本当に発揮させるために必要なのは、効率化や「選択と集中」などといった経営的観点などではないということである。大学で行われる研究が創造的であり、大学で行われる教育が豊かなものであるために必要なのは、自由さと多様性である。

時間の自由、思考の自由、行動の自由、研究資金の使途の自由。ここでいう「自由」は、何をしても良いという意味の自由ではない。本書の中で私は、〈アソビ〉という考え方を用いた。〈アソビ〉という日本語は、遊戯という意味をもつが、同時に空間や時間、あるいは仕組みの中に設けられた余裕や隙間という意味ももつ。大学が創造的であるためには〈アソビ〉が必要だ。世界はさまざまな制約や規則や信条に充ちているが、そこに紛れ込む〈アソビ〉の自由さの中からこそ、創造的な発想が生まれる。

そして多様性。多様性は豊かさであり、強さである。互いに異なった者が多数集まって交流しあう中で、新しい発想が生まれる。そのるつぼのような空間の魅力が、さらに多くの異なった才能を引きつける。均質な集団、要素の限られた集団は、変化への対応力に乏しい。反対に、多様性に富む集団は、予期せぬさまざまな変化や危機、そしてチャンスに、多様な方法で応対できる。

大学は金儲けの知恵袋であってはならないし、職業訓練学校であってはならない。ましてや国威発揚の道具でもない。大学は私たちの社会そのものを支え、先へ進め、そして次世代へ受け渡していく再生産のエンジンそのものだ。大学を金銭的な尺度でしか語らないという姿勢は、大きなサイクルで生きている森を見ないで、その中の一本の木だけを見てわかった気でいる愚と同等だ。

私は、大学に元気であって欲しいと願っている。それは大学に勤める一教員としてのエゴから言っているのではない。大学は、私たちの社会を今あるようなものとして形作っている生産・再生産の装置であり、さらにより良く変えていくことのできる変換器である。私たちの社会が私たちの社会としてある根幹の一つが、大学である。そこが元気であることは、私たちの社会が元気であることにつながっていると私は信じている。

私は国立大学の文系教員である。だから、この本は自然、その立場からの発言が多くなっているだろう。だがこの本で私が提起した問題は、国立大の問題にかぎらないし、文系分野の問題にはかぎらないはずである。私は国立／私立の対比や、文系／理系の線引きを強めたいとは考えていない。むしろ、今すべての大学の関係者が向き合わなければならないのは、もっと大きな変動なのだと、本書は主張している。

間違いや見当外れ、認識不足、勉強不足のことも多いと思う。声を上げて、叩いてもらえれば幸いである。沈黙が、最大の敵である。

I

大学はどこに向かうのか

第1章
国立大から教員養成系・人文社会科学系は追い出されるかもしれない

教員養成系・人文社会系は、いらない

国立大学は「国立大学法人」となって、国の縛りから自由になった、はずだったが、その実、サイフを握られて結局昔よりも文部科学省の言いなりになる傾向が強まった――このことはどこかで耳にしたことがあるかもしれない。

その国立大学の行く末を論じている会議の一つに、国立大学法人評価委員会があるが、そこがびっくりするような提言をした。「「国立大学法人の組織及び業務全般の見直しに関する視点」について(案)」という文書で、二〇一四年八月四日の日付をもつものである(文部科学省

のサイトで全文が閲覧できる）。

教員養成系・人文社会系の学術環境に関心をもつ者が、目を疑うような箇所を引用する。

「ミッションの再定義」を踏まえた速やかな組織改革が必要ではないか。特に教員養成系学部・大学院、人文社会科学系学部・大学院については、18歳人口の減少や人材需要、教育研究水準の確保、国立大学としての役割等を踏まえた組織見直し計画を策定し、組織の廃止や社会的要請の高い分野への転換に積極的に取り組むべきではないか。[1]

少し前、個人的に二つのソースから、文科省は国立大に人文系はいらないと基本的に考えているようだ、という話を聞いた。うち一人は国立大の研究科長だった。この章はもともと私のブログ記事として書かれたものだが、それについてのツイッターの反応でも、同様の感触をもっていたと書いている方が何人かいた。

どうやら、文科省は本気のようである。今後いろいろと表面化してくるはずだが、私の勤め先でも文系再編の話は進んでいるし、他の複数の国立大学でも進行中だという話を聞き及ぶ。つまりは、教員養成系――とりわけ教養部門や教科の専門的学術研究――および人文社会科学系は、原則、私立大学等でやれということなのだろう。

私立大学にその役目が担えない、などという気はまったくない。事実、これまでの日本の人文社会科学系の学問は、私立大学の存在なくしてその発展はありえなかったのだから。

しかし考えてもみよう。国立大学が放り出したものを、私立大学が「はい、では私らが」と受け取るだろうか。「18歳人口の減少や人材需要」「社会的要請の高い分野への転換」などという観点は、文部科学省に言われずとも、ずっとずっとシビアに私立大学の経営陣は考えてきたはずである。

実行されたときに私たちの国に何が起こるか

これが文字通りに遂行されたときに待ちうけているのは、国立大だけではなく、公立大私立大も含めた、教員養成系、人文社会科学系組織の壊滅的な弱体化である。

そうなったときに、私たちの国に何が起こるか、文部科学省およびその関連委員会の委員たちは、リアルに考えたことがあるのだろうか。そうなったときに何が起こるか、そうならないためにどうしたらいいか、教員養成系・人文社会系の関係者は、リアルに考えたことがあるのだろうか。考えて、なんとか手を打たないと、日本の大学には「社会的要請の高い分野」だけが繁茂することになってしまうと、私は怖れる。

「社会的要請の高い分野」だけからなる学校、それは大学 university とは言わない。大学 university の中には、宇宙・世界 universe が入っていなければならない。つまり、総合的であるべきものが大学である。マニアックなものを保存しろ、と言っているのではない(それも必要だが)。目先の基準でいらないものを切り捨てていった組織は、起こりうる変化に対応できない。革新的なことが起こる(かもしれない)種を蓄えておくことができないし、変則的なことが起こったときに活性化してそれに応じていける人間を内部に抱えていないことになるからである。

私は、私たちの国や社会が、目先の利益や有用性だけに価値を置く、そんなところになってほしくない。大学がそのように変化していったら、そこから育つ学生たちも同様の価値観に染まっていくことだろう。

就職しやすい専門性や、就職してすぐに役に立つ技術を学べるコースがあることを否定するものではない。しかし同時に、大学にはたとえば、教育大学に入ったけれど教員にならなくて／なれなくて卒業する学生や、百年も前に書かれた小説の解釈——たとえば夏目漱石の「坊つちやん」に出てくるうらなり君の再評価に血道を上げる院生や、ブラジルに住むドイツ系移民の子孫がどれくらいどのようにして祖国の文化を引き継いでいるのかということについて熱弁をふるう教員が、いてもいい。いなければ、ならない。

教員にならなかったけれど、教師のトレーニングを受け、教師のマインドをもった人は大切である。教師のスキルとマインドをもった人の活躍の場は学校の中だけではないし、彼らは学校や教員のよい支援者にもなるだろう。うらなり君の再評価はそれ単独ではさして意味はないが、その国の作家のさまざまな作品にさまざまな読みの可能性が追求されており、それが次の時代に引き継がれていくということは大切である。それはその国の文化的な成熟を意味し、次世代の文化的活力の土壌となるのだから。ブラジルにいるドイツ系移民は日本から見れば遠いが、社会の中のマイノリティがどのような戦略で生きているのか理解することは、たいへん重要である。それは日本という国を相対的に考える思考を養い、この国のよりよい形を考えるための種となるからである。

一見役に立たないけれども実は大切なことが、世の中にはごまんとある。

次世代の問題として

それでもまだ納得ができないという人は、この問題を、いま現在の大学改革の問題としてではなく、私たちの子供が通う大学の問題として考えてはどうだろうか。あるいは、この国の大学に学びにやってくる留学生たちの問題として考えてはどうだろうか。

大学は研究機関であり同時に教育機関である。教員たちは自分たちの研究を学生たちに伝え、学生たちはそれを受けとめたり受け流したりして社会に出て行く。私たちの子供が通う大学に、「社会的要請の高い分野」しか存在しないとしたら。私たちの子供が「社会的要請の高い分野」についてしか学ぶことができないとしたら。私は、私たちの住む国で、子供たちの前にそんな選択肢しか残っていないということを、心の底から恐ろしく思う。

あるいはあなたが留学生となることを想像してみよう。留学先として検討する日本という国では、「社会的要請の高い分野」についてしか学ぶことができない。その「社会的要請の高い分野」とは、当然日本の社会にとっての「社会的要請の高い分野」が優先される。日本の大学に、魅力はあるだろうか。

留学生たちは、日本とその他の国を結びつける、未来の回路である。とても、重要な存在だ。日本の大学が内向きに特化したら、そこで学びたいと思う留学生たちの数は、間違いなく減る。

一見役に立たないように見える「種」を

一見役に立たないように見える「種」を、その可能性ごと抱き留めるのが社会の豊かさだと私は信じている。そしてたとえばそういう豊かさを大学に認めたとする。そうすると、その豊かさへの寛容は、大学だけに向かわず、周囲にも波及する。大学の豊かさに寛容な社会は、企業にも、家庭にも、個人にも寛容であるだろう。そして、寛容さが育む多様性の価値をも、きっと認めるだろう。

これは、逆もまた同じである。大学に「役に立つ」ことだけを求める社会は、その他の組織や個人にも「役に立つ」ことだけを求めることだろう。それは、なんと恐ろしくて、息苦しくて、貧しい社会であることか。

1　国立大学法人評価委員会「「国立大学法人の組織及び業務全般の見直しに関する視点」について（案）」二〇一四年八月四日。http://www.mext.go.jp/b_menu/shingi/kokuritu/gijiroku/__icsFiles/afieldfile/2014/08/13/1350876_02.pdf

第2章

大学をめぐって、いま何が起こっているのか

最近のニュースから

大学をめぐるいくつかのニュースが近頃話題となっていたことを、覚えている方も多いだろう。

二〇一四年の八月末から九月頃、「国立大学から教育系、人文社会科学系の学部がなくなるかもしれない」というニュースが流れた。まずインターネット上で話題となったが、『東京新聞』もその後「国立大から文系消える?」（九月二日）という記事を掲載した。第一章でとりあげたように、これは文部科学省の国立大学法人評価委員会という審議会の案に、教員養成系と人文社会学系の学部・大学院は廃止するか分野を方向転換せよ、という驚くべき文言があったことに端を発していた。

九月末には、文部科学省が三七校の「スーパーグローバル大学」を選んだ。世界の大学ランキングの一〇〇位以内を目指すトップ型一三校と、地域の国際化などを推進するグローバル化牽引型二四校が選定された。

同じく九月、北海道の北星学園大学に勤めていた元朝日新聞記者の講師を辞めさせるよう、脅迫文や脅迫電話がかけられる事件が起こった。同様の脅迫は五月から九月に、大阪の帝塚山学院大学に勤めていた、やはり元朝日新聞記者の講師（北星学園大とは別の人物）に対しても行われていたという。いずれも、かつて「従軍慰安婦」報道に従事した記者たちだったらしい。

広島大学では五月、授業に不満を持った学生が、『産経新聞』に投書するという出来事があった。慰安婦問題を題材としたドキュメンタリーが、授業で上映されたことに腹を立てたのであった。投書はオピニオン欄に掲載され（五月八日）、同紙は「広島大講義で「蛮行」訴える韓国映画」という批判記事をも掲載した（五月二一日）。

「学校教育法及び国立大学法人法」が一部改正（六月二〇日参議院通過）されたことも、大学関係者の間では大きな話題となった。これは、国立大学法人において、（1）教授会の権限を大幅に縮小し、（2）大学学長を（学長選挙ではなく）学長選考会議が選任すると定め、（3）経営協議会の学外委員を過半数にすると規定したものである。これによって教員の力が弱まる一方で外部委員の発言力が増し、学長の裁量権が大幅に増大する。これを受けてすでに北海道教育大学は、教職員による学長選の「意向投票」（新学長選出の参考とするために行われる、教職員による学内の投票）を廃止した（一〇月二七日）。

新自由主義と国家統制と排外主義と

いくつかのニュースを列挙したが、大学をめぐって吹き荒れている嵐は、大きく三つにその風元を分類できると思う。一つめは、競争を重視し効率化を重んじる新自由主義的な経済思想。二つめは、文部科学省（および間接的に財務省）が指向する大学のコントロール強化策。三つめは、排外主義的・保守的な勢力による大学への圧力。とりわけ前二者は現在の安倍政権と経済界と担当官省が結びついて強大な力を発揮しており、現場の大学は振り回され続けている。最後の一つはやや性格を異にするが、現政権のイデオロギー的な特徴とも連動しながら、やはり大学の知的風土に無視できない影響を与えている。

安倍晋三首相は、二〇一四年五月六日にパリで開かれたＯＥＣＤ（経済協力開発機構）閣僚理事会の基調演説で、日本への投資を呼びかけながら次のようにいった。「私は、教育改革を進めています。学術研究を深めるのではなく、もっと社会のニーズを見据えた、もっと実践的な、職業教育を行う。そうした新たな枠組みを、高等教育に取り込みたいと考えています」。高等教育の場を「実践的な、職業教育」の場にしようとする首相の意に沿うかたちで、文部科学省の有識者会議「実践的な職業教育を行う新たな高等教育機関の制度化に関する有識者会議 第１回」において、経営コンサルタントの冨山和彦氏がＧ（グローバル）型大学とＬ（ローカル）型大学に分けよと言い出して、これも話題になった。曰く、ローカル型大学においては、

「文学概論」「マイケル・ポーター」「憲法、刑法」「機械力学」などを教えるのはやめて、「観光業で必要となる英語」「弥生会計ソフトの使い方」「大型特殊第二種免許の取得」「TOYOTAで使われている最新鋭の工作機械の使い方」を教えよ云々。そしてローカル型国立大学の文系教員および世界レベルの研究ができない理系教員は、「辞めてもらうか、職業訓練教員としての訓練、再教育を受けてもらう」のだそうだ。

これが実際に文部科学省の有識者会議の配付資料として配られている。[1]

「選択と集中」

首相やこの冨山氏の言はある種の極論で、極論だからこそ話題性を持ち、わかりやすいからこそ力を発揮してしまう。実際、ネットでG型、L型大学を検索すると、反発も多いが、一方で経済論・経営論系のコラムニストが何人も諸手を挙げて賛同していたりしてめまいがする。

だが、極論を相手に対抗しようとすると、こちらも極端な物言いになってしまって、不毛な対立にしかならない。そういう意味で考えさせられたのは、教育系・人文社会系の廃止／改組の話題が出ていたときにインターネットで目にした、国立大学法人職員の方のブログ記事だった。「教員養成・人文社会科学系学部・大学院への要請に思う～何が問われているのか～」(二〇一四年八月二八日付) から引用する。

国費を何に使うのかという問題なんだろうなと思っています。つまり、「役に立たないから廃止」や「重要でないから廃止」ではなく、「やってきたことは知っているし重要な部分もあるのだろうけど、人文社会科学系は私立大学の方が総体としての規模が大きいし、今後使える金が少なくなっていく中で、国費を払い続ける理由はなんなのか。それが明らかにならなければ金は出さないよ。」ということだろうと推測しています。[2]

このあたりが実情に近いのだろうし、世の中の一般的な「経営感覚」としても、腑に落ちるのだろう。

要するに、教員養成系も人文社会系も大事だけど我が国にはお金がないんです、お金がないから「選択と集中」なのです、というわけである。年金、介護、医療費、生活保護費、社会的インフラの老朽化対策、震災からの復興と原発の汚染除去などなど、たしかに優先的な課題は山のようにあるように見える。大学に回すお金は切り詰めて、「意味のありそうな学問分野」に集中し、あとの部分は民間＝私学にまかせる、という方向である。

ただし念のため言い添えれば、現状ですでに日本の高等教育支出のＧＤＰ比は、ＯＥＣＤの各国平均の半分以下となっており、文句なし最下位を独走しているのであるが。[3]

大学が「機能別分化」したならば――

この考え方は合理的で、処世術として仕方あるまいと思わせられもする。だが安易に割り切る前に、「選択と集中」が本格的に日本の大学に押し寄せたらどうなるか、立ち止まって考えてみた方がいい。

あらためて確認すれば、「選択と集中」とは経営用語であり、その企業が得意とする分野に経営資源を集中して、その他の事業については売却したり閉鎖したりするという戦略を指して言う。企業ならばいい。「選択と集中」に成功すれば会社が栄える。失敗すれば会社は潰れる。潰れたところには別の会社がやってくる。では国は？　我々の社会は？

「選択と集中」という企業経営の発想を、大学という研究と教育の場、いいかえれば「人と社会の再生産の場」に適用することは、あまりにも危険なのではないか。私たちは、失敗してはならないところで、失敗しようとしているのではないか。

L型－G型は一委員の個人的意見なので内容的にはさほど気にする必要はないが、二〇一五年四月現在で確定的な方向である国立大学の三分類化[4]は、大学の基盤的な予算である運営費交付金の中に、「評価に基づくメリハリある配分」を導入しようという大学予算の大きな制度変更を伴っている。二〇一五年四月一五日に下村博文文部科学大臣が産業競争力会議において配布した「イノベーションの観点からの国立大学改革について」という資料では、国立大学の三分類とは「世界トップ大学と伍して卓越した教育研究を推進」する大学、「地域のニーズに応える人材育成・研究を推進」する大学、「分野毎の優れた教育研究拠点やネットワークの形成を推進」する大学などとして例示されている。この「改革」によって、日本を「世界で最もイノベーションに適した国」とし、「国立大学の「知の創出機能」を、競争的環境の下で最大化する」のだそうだ。同資料によれば、二〇一五年夏までには「国立大学経営力戦略」(仮称)を策定し、大学が文科省に対して行う〝約束〟である「中期目標」にそれを反映させていくよう求めるらしい。

学術と教育に関する新自由主義的な「選択と集中」の議論は、大学の機能別分化というかたちで姿を現しつつある。この方向性が産業競争力会議において議論されていることからもうかがわれるように、基本にあるのは経済振興である。実際、同じ文部科学大臣による資料では「改革の方向性」として、「新領域・融合分野など新たな研究領域の開拓」「産業構造の変化や雇用ニーズに対応し、産業を担う人材育成」「地域・日本・世界が直面する経済社会の課題解決」の三点が示されている。三つのうち二つまでが経済施策である。

このような新自由主義的な経済振興策をベースに国立大学を機能別分化させるという方向性に、私は強い危機感を覚える。「イノベーション」の創出と効率化を掲げて、先端研究指向、地域ニーズ指向、分野特化指向を強めたとしても、そのいずれにおいてもうまく回らない公算が高い。

日本の大学の中のわずか一〇校程にのみ先端的な研究環境を約束して巨額の資金を集中するとする。はたしてこのとき、研究型の大学は世界水準の成果を残せるのだろうか。たとえていえば、ここでやろうとしていることは、サッカーJリーグのJ1の二チーム程度を残して莫大な資金を与え、あとのチームはすべて企業チームか何かに戻すということである。この二チームは、世界レベルのチームになるだろうか。ならない(もしなっているとしたら、そこに日本人選手はほとんどいまい)。当たり前だ。裾野が広がり、裾野のレベルが上がってこそ、頂上が高くなる。

学術も同じである。研究に従事する大学数の削減は、そのまま各学術界における研究者数の減少に直結する。発表論文は減少し、研究者・研究成果の流動は滞り、取り組まれる研究課題も目だつものや金が出るものに限定されていく。この構造の中で研究と研究者が縮小再生産されていけば、私たちの国の学術が衰退の一途をたどることは火を見るより明らかである。

分野特化型についてもほぼまったく同じことが言える。ある大学が研究上持っている「強み」とは、特定の研究分野において優秀な研究者がいたり、特別な設備を有していたり、ということだろう。だが「強み」はその大学の研究者がその大学において行っているから「強い」のだろうか。そうではない。研究の世界は大学や国の垣根を越えて横に広がっている。その横の網の目を無視して特定の大学に手厚い予算を配分することは、畑全体に目配りすることなく目に付く一角にだけ肥料をやる愚と同じである。

地域のニーズについてはどうだろうか。これについては正直、わからないことが多い。文部科学省の同資料を見ると、農業、観光、医療、福祉、食品、バイオなどというキーワードが上がり、「地域の産業振興への貢献」であるとか「地域課題解決のため地方自治体等と連携強化」が謳われている。いずれも地域の課題といえば地域の課題だが、全国規模の課題といえばそうもいえる。研究者やそこで学んだ学生が、ある特定の課題についてローカルな問題とグローバルな視座とを往還的あるいは連動的に考えるということはありそうである。だが、「産業振興」という語がやはり引っかかる。それを大学に求めるのだろうか。

いずれにしても、この「改革」で実行されようとしているのは、一部の有力国立大学のさらなる突出化であり、その他の国立大学の機能限定である。これは下手をすると、札幌、仙台、つくば、東京、名古屋、京都、大阪、広島、福岡以外においては、学生が先端的かつ総合的な知的トレーニングを受けられなくなるという事態になる。研究型大学と有力私立・公立大学は大都市にだけ存在するからである。当然、地方の優秀な学生たちは、今にもまして都市部の研究型大学・有力大学を目指すだろう。

そして文部科学省は国立大学の問題としては前面に見せてはいないが、大学でより「実践的」な教育を行おう——つまりは大学を職業訓練校化しようという圧力も継続的にかかっている。仮に、特定の「強い」分野以外の大学・学部においては職業訓練化の度合いが強まったとしたらどうだろう。研究で実績を残せない学部がその存在価値を主張するとすれば、それは学生の就職実績がもっとも説得的な一つとなるであろうから、大いにありうる話だ。

経営コンサルタントの口ぶりを借りて、あえて露悪的にいえば、「強い」大学、「強い」分野から外れた学生たちは、地元で観光のための英語や、会計ソフトや工作機械の使い方、自動車免許の取得法などを学ぶことになるのだろうか。「強い」大学、「強い」分野から外れた大学教員たちは、職業訓練のトレーナーとなるのだろうか。もしかしたら、高等教育の機会と質の獲得における地域間格差は、目も当てられないものになるかもしれない。

私自身が経験してきたところだが、地方の中堅大学・教育大学は、その土地の地方自治体の職員や教員たちの主要な輩出母体となってきた。私の友人たちや教え子も、少なからぬ割合が市役所や県庁に就職したり、また教員になったりしていった。そうした伝統が、その地方の社会と文化を支えている。はたしてアプリケーション・ソフトや実用語学や機械操作や小手先の教授法にだけ習熟した人材を、自治体や教育現場は(もちろん一般企業も)、求めているのだろうか。

大学の機能別分化は一見合理的で前向きだが、裏を返せばそれは大学の機能限定である。大学の機能限定は、未知の課題、解きがたい問題、新たな挑戦へと立ち向かう私たちの社会の能力を根本から奪い去る、組織としての、国としての自殺行為である。産業競争力強化を掲げる市場主義的、功利主義的大学改革は、その先端指向や特色強化において失敗を約束されているだけでなく、日本社会総体の教育力に壊滅的な打撃を与え、地域間の格差を固定化し、我々の子供たちを成績と出身地とによって階層化する。

念のため言えば、私は大学が今のままでいい、と主張しているわけではない。変わらなければならないことは多い。国際化も、研究成果の公表と共有も、身につけるべき「教養」の更新作業も、積極的にしていかなければならない。だがそれは、市場主義に飲み込まれるかたちで行われてはならないのだ。

大学の「社会的意義」とは？

いま目の前にある「役に立つこと」を選び、それにだけ人々の能力と関心を限定することの恐ろしさを、この社会に生きる私たちすべてが、もっとリアルに想像した方がいい。二〇年先の未来に何が起こるか予見できるだろうか？　五〇年先は？　だれにもわからない。わからないなら、私たちは私たちの子供や孫にその対処を託すべきだ。

彼らがよりよく生き延びていくために、私たちは彼らの可能性をできるかぎり広く、高く、残しておいてやらねばならない。それがこの社会全体の繁栄と幸福につながる、遠いようだが一番確かな道であるはずだ。

最終的にこの問題は、現在の社会的状況の中で、社会のすべての構成員たち――大学人だけではない――が、大学の意義をどこに見いだすのか、というところにかかっているのだと思う。私たちは私たちのお金をどこに使っていくべきなのか。「役に立つ」とはどういうことなのか。「社会的需要」とは、「社会的意義」とは。私たちは今それをしっかりと考え、社会的な合意を作っていかなければならない。

［補足のコラム］ガバナンス改革か、恐怖政治か——長崎大学の例1

「学校教育法および国立大学法人法」の一部改正にともなって、学長を中心とした大学執行部の権限が強化されている。これが具体的にどのような形で大学の現場で展開するか、ということの例を見ておこう。

大学執行部の権限強化が学内向けの「統治」として展開されるときの焦点の一つになるのが、部局長の選任に関わる局面である。部局長は各部局教授会のナビゲータ兼最終責任者であるから、当然であろう。

先頃公表された「国立大学法人等の平成25年度評価結果について」（平成二六年一一月五日国立大学法人評価委員会）をみると、「項目別評定」の「業務運営」において、唯一1件（1％）が「特筆すべき進捗状況にある」と大きく評価されている。どこのどんな取り組みかと言えば、長崎大学の新学部構想において行われた学長による学部長指名と、付随する全学の「人的資源」の再配分である。[5]

探してみると、長崎大学による文部科学省向けのヒアリング資料も出てくる。題して「学長主導ガバナンスによる国立大学機能強化」（平成二五年一〇月二九日、中央教育審議会大学分科会組織運営部会）というものだ。[6] これまでの執行部と教授会との関係を知っているものにとっては、かなり驚くような「機能強化」の具体例が並ぶ。要点を抜き書きしてみよう。

「学長は、特に必要があると認めるときは、部局長を指名することができる。」

「全ての新任・再任部局長に、学長が提示する諸課題についての方針を、役員懇談会での意見交換を経て、教育研究評議会で所信表明させる。」

「部局の運営に関する重要事項の審議機関として学長(理事)が出席する部局運営会議を設置。」


必要があれば部局長を指名でき、すべての部局長には学長の示す課題についての方針を「役員懇談会での意見交換を経」た上で所信表明することを求める。学長の方針に沿わない部局長の存在は、認められないと言っているのと等しいように、私には見える。そして部局の重要事項を決める「部局運営会議」が新設され、学長もそこには出席する。学長の独走/独裁を止める仕組みがほとんどないように思えるが――、あとはひたすら有能で誠実な学長が選任されることを祈るのみだろうか。

[補足のコラム] 文系新学部構想の困難――長崎大学の例2

前のコラムで言及した長崎大学の新学部は、学生集めに非常に苦労している。ガバナンス改革以外の要因も多いようだが、あわせて言及しておこう。

二〇一四年四月に新設された「多文化社会学部」はグローバル社会コース、共生文化コース、社会動態コース、オランダ特別コースをもち、育成する人材として

・高度の英語力とコミュニケーション能力を持っている
・文化的多様性の意義を理解できる
・共生的な関係を築き問題解決に向けて行動する

を掲げている(同学部HPより)。英語力の強化プログラムをもち、フィールドワークに力を入れたり、学生の留学支援を積極的に行ったり、一年生を原則寮住まいにして留学生と同部屋になるよう配慮したり、と相当工夫している。文部科学省の指向している方向性、つまり英語力の向上、留学生の増加、地域の特色(オランダ!)の発揮とも合致している。だからこそ、新学部が認可されているわけである。

私は人文系の大学教員として、この学部を設計した先生方の目指した方向性はよく理解できる気がする。英語力への特化はあまり賛成できないが、文化的多様性にしても、共生的な関係にしても、留学にしても、とても大事だ。国際的な港湾都市であった長崎の歴史の上に立つという意味でも、筋は通っている。

だがこの学部は、学生募集に関しては、ひどく苦労している。初年度の平成二六年度入試においては、前期一般入試の倍率(全志願者/募集人数)が二・六倍、後期が八・六倍と、そこそこの状況だった(といっても入学者が少なく五名の二次募集を行っている)[7]。ところが、平成二七年度入試において、AO入試は二〇名定員のところ二名が応募(倍率〇・一倍[8])、この欠員

を前期入試に振り向けて八八名で募集したところ志願者は八六名、[9] 後期入試は定員一〇名のところへ五八名の応募があったが、受験者数としては一〇名に過ぎなかった。[10] 結局、合格したものの入学手続きをしなかった学生分の穴埋めも含めて、長崎大学多文化共生学部はこの年、三〇名もの大規模な二次募集を行うことになった。[11] 国立大学としてはまさに異例のことだろう。ちなみにこの学部は、長崎大学としては唯一の人文科学系学部である（同大には文系学部としては教育学部と経済学部しか存在しない）。にもかかわらず、この結果となった。

なにが起こったか、私は正確に把握しているわけではない。長崎および長崎大学には、旧制長崎高等商業学校以来の経済学部の伝統など、固有の事情もあるようで、このコラムを書く際に参考にさせてもらったブログ記事では、学生の就職口を切り口に失敗の原因を分析している。[12] 同大学の状況に暗い私としてはその当否はわからない。初年度の二次募集から翌年のさらなる大幅二次募集へというコースは、入学後の実態（噂話レベルでも）の問題もありそうだが、一般的に考えて、文学部、法学部がない長崎大学には、相応の受験生からの需要があるはずである。法学部を新設することはいま困難だろうが、仮に人文学部を新設するとして、高校生目線でいう「国語科」「社会科」の上に積み上がる、文学・語学・歴史・地理、あるいは一般社会で認知度の高い、心理学・社会学・哲学・美術・考古学などがあったならば、そしてそれが長崎大学という地元でのネーム・バリューは抜群の国立大学であったならば、さすがにここまでの定員割れはしないのではないかと思うが、どうだろう。

実際、山口大学も同じく「国際」を冠した、国際総合科学部という学部を新設している。

こちらは文理融合型を目指しているところが長崎大学とは異なるが、語学教育、留学支援、フィールドワーク、実践的学習、地元指向というトレンドを前面に出している点では同じである。この学部も、初年度である平成二七年度入試で前期一般入試の倍率が一・三倍、後期が六・九倍と低迷した。[13]

私が先に列挙した文・史・哲・心理・社会などといった学問領域は「旧態依然」の人文社会学的講座群である。だが長崎大学のこの学部の例がはっきり示しているのは、旧来的なわかりやすい学問の布置を一切なくし、グローバル化と地元指向だけに特化した場合、学生にはそっぽを向かれるということである。学生の背後には教師と親たちがいる。とりわけ親たちは敏感だ。実績がなく、入学後の勉強のイメージも沸きづらいところに進学すれば、卒業後の就職に響くと考えたのかもしれない。

そしてここに、現在の人文社会学系の教員の悩みもある。「旧態依然」では、やっぱりだめなのである。古いものを守っていただけでは、新しい課題に対応できない。これからの時代、英語をはじめとした外国語能力は高い方がいいに決まっている。文化的多様性も多文化共生も文理融合も、今後の日本の鍵になるのは間違いない。だが新しいもの＝聞き慣れないものを、人々はそう簡単に受け入れない。

人文系学部はどこへ向かえばいいのか。長崎大学多文化社会学部の例は、それを私たちに問いかけている。この新学部が今後どうなるのか、その意味では継続して注目したいし、学部を担う先生方を応援したいと私は思っている。

1 同会議の配付資料4「我が国の産業構造と労働市場のパラダイムシフトから見る高等教育機関の今後の方向性」（冨山和彦氏）http://www.mext.go.jp/b_menu/shingi/chousa/koutou/061/gijiroku/__icsFiles/afieldfile/2014/10/23/1352719_4.pdf

2 「大学職員の書き散らかしBLOG」より。同記事のURLは以下。http://kakichirashi.hatenadiary.jp/entry/2014/08/28/222245

3 中澤渉『なぜ日本の公教育費は少ないのか――教育の公的役割を問いなおす――』（勁草書房、二〇一四年六月）が詳しい。

4 産業競争力会議課題別会合（第5回、二〇一五年四月一五日開催）における「イノベーションの観点からの国立大学改革について（下村文部科学大臣提出資料）」による。http://www.kantei.go.jp/jp/singi/keizaisaisei/kadaibetu/dai5/siryou1.pdf

5 「国立大学法人等の平成二五年度評価結果について」（平成二六年一一月五日国立大学法人評価委員会）http://www.mext.go.jp/a_menu/koutou/houjin/detail/__icsFiles/afieldfile/2014/10/31/1353232_1.pdf

6 「国立大学法人等の平成二五年度評価結果について」（平成二六年一一月五日国立大学法人評価委員会）http://www.mext.go.jp/b_menu/shingi/chukyo/chukyo4/035/siryo/__icsFiles/afieldfile/2013/11/05/1340990_1.pdf

7 「平成26年度長崎大学入学者選抜実施状況」（長崎大学）

http://www.nagasaki-u.ac.jp/nyugaku/admission/result/pdf/26jyokyo.pdf

8 「平成27年度　AO入試志願者・合格者数等」（長崎大学）。http://www.nagasaki-u.ac.jp/nyugaku/admission/result/pdf/27ao-jyokyo.pdf

9 「平成27年度長崎大学一般入試（前期日程）合格者数等調」（長崎大学）。http://www.nagasaki-u.ac.jp/nyugaku/admission/result/pdf/27zenki.pdf

10 「平成27年度長崎大学一般入試（後期日程）合格者数等調」（長崎大学）。http://www.nagasaki-u.ac.jp/nyugaku/admission/result/pdf/27koki.pdf

11 「平成27年度 長崎大学多文化社会学部欠員補充第2次学生募集要項」（長崎大学）。http://www.nagasaki-u.ac.jp/nyugaku/admission/topics/pdf/H26/27ketsuin-2ji.pdf

12 「学際学部考（その2）……長崎大学多文化社会学部の誤算」（「香川大学解体新書」二〇一五年三月二九日）。http://ameblo.jp/ssasamamaru/entry-12007501391.html

13 「平成27年度　入学試験実施状況表」（山口大学）http://nyushi.arc.yamaguchi-u.ac.jp/chousa/dat/H27/H27jitusijoukyou.pdf

第3章

「大学改革」が見ていないものは何か

大学をいま襲っている「改革」の大波は、二つある。一つは大学運営の「経営化」の波。もう一つは「グローバル化」と称される世界的なランキング競争の波である。この二つは、それぞれの大学の質のあり方に応じて、強く結びついたり弱く結びついたりしながら、大学のあり方を大きく変えようとしている。

大学運営の「経営化」と機能別分化

「経営化」と「グローバル化」の二者の結びつきは、「選択と集中」、別名「機能別分化」というかたちで、大学の前に姿を現している。

ご存じの通り私たちの国は借金漬けで、お金がない。大学などへ渡す予算にも限りがある。

予算は「国民の税金」がもとになっているのだから、有効に用いられねばならない。だから大学は、与えられた予算の枠内で、生み出しうる最大限の「成果」を見せねばならない。

では、どうやったら「成果」を出せるか。今のままではだめである（らしい）。「改革」せねばならない。限られた予算で最大の成果を出すためには、成果が出やすいところに、集中的に資本を投入するにしくはない。そして大学は選別される。大学の「機能別分化」と言われる流れである。

「機能別分化」の流れを財政的に後押しするため、予算にメリハリを付ける。条件の付かない基盤的な予算（運営費交付金）を削減したり、その内部に種別を設けて傾斜配分したり、競争的に獲得する予算（科研費など）に振り替えたりしていく。また「改革」を確実に行わせるため、総長・学長をトップとする大学の管理運営部門の権力――いわゆるガバナンス――を大幅に強める。

そして「改革」が確実に行われていることを確かめるため、そして「国民の税金」を投入することへの説明責任、また特定の大学や分野に資金を集中することに対する説明責任を果たすために、「評価」が重視される。「評価」は、短期的に、目に見えやすい形で行われる。長期的で、目に見えないものは「評価」としての説得力を持ちがたいから、それは当然である。

競争とそれに付随する「評価」とは、それぞれの大学の性質に応じ、分化したかたちで行われようとしている。具体的には、「世界トップ大学と伍して卓越した教育研究を推進」する大学、「地域のニーズに応える人材育成・研究を推進」する大学、「分野毎の優れた教育研究拠点やネットワークの形成を推進」する大学への機能別分化が明言されている。[1] 各大学は、世界最先端の学術成果を生み出すのか、産業界と相互乗り入れしながら技術革新を目指すプラットフォームになるのか、地域活性化の拠点となるのか等、自分自身の手で選択しながら（実際には実情からしてほとんど選べないのだが）、そのカテゴリの中でしのぎを削っていく。

「グローバル化」という名のランキング競争

分化した大学の性質を一見すると、「グローバル化」の波をかぶるのは世界レベルの教育研究拠点だけのように見えるが、そうではない。

国や文部科学省などが念頭に置いている「グローバル化」というのは、主に大学の世界ランキングに代表されるそれである。大学ランキングとは、大学の価値を限られた評価ポイントで数値化し、その数値の大小で存在価値の高下を計ろうとする発想である。いま、前面に押し出されている「グローバル化」とは、国際競争に偽装されているが（たぶん本当にそう信じているのだろうが）、その実態はランキング的発想、すなわち「数値化によって価値を計るシステムのグローバルな適用」である。

この「数値化によって価値を計るシステム」は、適用の容易さと利用の簡便さと理解のたやすさとによって、先端的大学の国際競争だけではなく、大学評価という姿で、あらゆる高等教育機関に浸透している。いま声高に叫ばれている「グローバル化」を、国際競争という意味で額面通りに受け取ると、その本質を見失う。真の問題は、高等教育の（限られた評点による）数値化の蔓延である。第4章で再論するが、大学が、そして私たちの社会が本当に向き合わねばならないグローバル化は、もっと別のかたちで展開している。

「大学改革」の見ていないもの

私はこうした「大学改革」と称される一連の流れ、とりわけ現政権以降急激に加速している方向性に、強い危惧を覚える。理由はいくつかある。

・「改革」が財政的発想を出発点にしている（産業競争力会議が「大学改革」を論じている）
・「機能別分化」は大学総体の研究力をむしろ弱体化させる
・「選択と集中」はさまざまな格差を拡大させる
・「見えにくい大学の機能」を無視している
・短期的な成果が求められすぎている
・グローバル化の意味をはき違えている
・革新的イノベーションが誘導可能だと考えている
・大学を横断して広がる「研究界」への視点を欠いている

・大学が学生による自主的・自律的な学びの場／時であるという視点を欠いている

以下簡単に説明する。

「選択と集中」はさまざまな格差を拡大させる

大学が機能別分化していくと、大学間で格差が広がる。文部科学省は区別であって格差でないというだろうが、予算、勤務形態、社会的評価など、さまざまな点で差が開く。大学間だけではない。資本を投下される学問分野とそうでない分野、常勤教員と非常勤教員、大都市とそれ以外、裕福な学生とそうでない学生の間にある格差も、拡大する。「集中」は、この意味で「独占」の色をなしていく可能性すらある。

「機能別分化」は大学総体の研究力をむしろ弱体化させる

第2章でも書いたが、先端研究拠点を数校にだけ絞って集中的に資本投下して闘わせようというやりかたは、いわばサッカーJリーグからJ1の二チームだけを残して、そこに予算をつぎ込んで世界レベルのチームにしようとするようなものである。切磋琢磨する広大な裾野の存在があって、初めて頂きは高くなる。これが地域拠点であっても、専門特化であっても、理屈は同じである。「集中」とは「層の薄さ」の別名に他ならない。

鈴鹿医療科学大学学長で前国立大学財務・経営センター理事長の豊田長康氏は、日本の研究力と研究資金の相関関係について緻密な分析と提言をブログで発信しているが、その最終的な結論として、「国立大学の論文数国際競争力喪失の主因は基盤的資金の削減であり、加えて競争的資金へのシフト・重点化政策が論文生産性を低下させ、国際競争力をいっそう弱めている」と指摘している。[2] またノーベル化学賞受賞者の白川英樹氏も、実験を進める過程で巡り会うセレンディピティ(思いもかけない発見)を育むという観点から、明確な目的を定めなくても使える予算(大学校費)の重要さを語っている。[3] 科学技術論が専門の五島綾子氏も、ナノテクノロジーを例に取りながら、「ブーム」に乗じた重点配分の危うさを指摘している。[4]

「改革」が財政的発想を出発点にしている

現在の議論は、「予算ありき」で進みすぎている。日本にはお金がない、大学に出すお金もない、だったらその範囲内でどうするのか。この観点が重要であることは当たり前すぎる程当たり前だが、この観点が大学改革の全面に展開されることは誤っている。なぜなら、大学の価値は金銭に置き換えがたいからである。

大学には金銭的観点から計れない要素があまりに多い。国立大学の非常勤講師の時間給が五〇〇〇円超だとして、そこで伝達された知識はこの金銭と等価なのだろうか。学生が在学期間中に大学で得たものは、入学金や授業料などの総額と対照して考えられるのだろうか。そもそも「学生が在学期間中に大学で得たもの」は卒業時点で測るのだろうか、それとも卒業数年後だろうか、数十年後だろうか。図書館に入っている一冊の本の定価が四〇〇〇円だったとして、その本の価値は四〇〇〇円なのだろうか。研究成果Aで特許収入が二〇〇〇万円得られたとし、研究成果Bは二万円、研究成果Cは〇円だったとして、ABCの研究成果の価値の高下はA＞＞B＞Cなのだろうか。

産業競争力会議が「大学改革」を論じている

財政的発想が呼んでいる危うさは、別のかたちでも現れてきている。大学と国の関係を論じるときのお決まりの役者は、文部科学省と財務省と決まっていたが、現在もう一人の役者が大きな役割を演じ始めている。首相が議長を務める産業競争力会議である。これは内閣府に設けられた日本経済再生本部のもとに置かれた会議で、下位のワーキンググループに新陳代謝・イノベーション部門があり、ここがいま大学改革を積極的に論じている。

これらの組織が冠している名称を見れば、その方向性は一目瞭然である。「経済再生」「産業競争力」「イノベーション」。つまり大学改革はいま、官邸が音頭を取って、利益と経済成長を生み出す産業政策的な観点から、強力に方向付けられはじめている。当然、この方向は経済界の意向を強く受けることはいうまでもない。

話題を呼んだ、二〇一四年のOECD（経済協力開発機構）閣僚理事会における安倍総理大臣の基調演説を再掲しておこう。首相は、日本への投資を呼びかけながら次のように言ったのだった。「私は、教育改革を進めています。学術研究を深めるのではなく、もっと社会のニーズを見据えた、もっと実践的な、職業教育を行う。そうした新たな枠組みを、高等教育に取り込みたいと考えています」。

この首相の下で行われる高等教育「改革」がどれほど危ういものか、私たちは腰を落ち着けて考えた方がいい。

「見えにくい大学の機能」を無視している

大学の役割には見えにくい部分が多い。それは、どこまで根を張っているかその樹自身もわかっていない巨大樹のようなものだ。教育、研究、人脈、知的ストック、歴史、文化、感情などなどなど。一人の老人の死が、一つの図書館の消滅に等しいとするならば、一つの学部の消滅、一つの大学の消滅は、いったい何に等しいのだろうか。

短期的な成果を求めすぎている

「選択と集中」は必然的に説明責任をともない、したがって「評価」を伴う。「評価」は期限を区切った、見えやすいものでなければならない。だが、研究の成果は三年単位、六年単位で出るものではない。二〇年、三〇年かかって初めて生まれる達成があり、年月が経ったあとに再発見される価値もある。

「選択と集中」と親和的な「成果主義」が、必ずしも良い成果には結びつかないということも、知るべきである。

グローバル化の意味をはき違えている

「グローバル化」はランキング競争でもなければ、英語化でもない。真のグローバル化は、私たち社会の足下で起こっている。私たちは中国人や韓国人やブラジル人やフィリピン人たちと共棲する社会に生き始めている。カザフスタン人やトルコ人やナイジェリア人やペルー人とも。グローバル化は、「世界の中で日本が活躍すること」ではない。私たちの社会が多様化に対応するということだ(第4章参照)。

革新的イノベーションが誘導可能だと考えている

革新的イノベーションは、どこからやってくるか予想が付かないから、革新的なのである。逆に言えば予測可能な範囲内にある成果は、革新的とは言えない。だから限られた予算を有力な分野に振り向けるという戦略は、短期的には成功するかもしれないが、長期的には失敗する。

トロント大学に所属する都市経済学者リチャード・フロリダ氏は、人のクリエイティビティが社会的、文化的、経済的な変化をもたらし、経済成長につながると、その著書『新クリエイティブ資本論――才能《タレント》が経済と都市の主役となる――』(ダイヤモンド社、二〇一四年一二月)のなかで主張した。フロリダ氏は、「クリエイティビティの中心は大学」だとしつつ、「大学の研究成果がビジネスでも革新的なものとして、ベンチャーの起業ネットワークへと一直線につながるかのような論理」を批判する(三二四頁)。

一方でクリエイティビティが発揮される際にフロリダ氏が重要だとするのが、三つのT、技術(technology)、才能(talent)、寛容性(tolerance)である。とりわけ最後の寛容についてがここでは重要だ。「寛容性――あるいは大まかに言えば多様性に対する開放性――は技術や才能と相互作用し、さらなる経済的優位性をもたらす。新しいアイデアを積極的に受け入れる場所は、世界中から才能あるクリエイティブな人々を惹きつけ、技術と才能両分野での可能性を広げ、経済的にさらに優位に立つことができるのだ」(二五〇頁)。経済振興策の提言でもある同書の性格上、力点が経済成長に置かれているが、創造性が発揮される際には、多様性と多様性に対する寛容さとが必要だという点において、私は彼に同意する。

大学を横断して広がる「研究界」への視点を欠いている

大学の「機能別分化」論は大学単位でなされている。だが、大学単位でなされているのは教育であって、研究ではない。研究は大学を横断した「学会」や「研究会」などといった研究者たちの集団が担っている。大学総体の研究力の項目でも書いたとおり、東大と京大に膨大な資金を投入すれば、世界レベルの研究が生まれると考えている人々は、この単純な事実を知らない。

大学が学生による自主的・自律的な学びの場／時であるという視点を欠いている

学生は勝手に学ぶ。また勝手に学べる学生こそが、優れた学生である。必要なのは、学生が勝手に学べる環境をお膳立てすることである。多様な出会い、挑戦的機会の多さ、豊富な資料や資材、そして何より時間的、経済的余裕。かつて大学生活が「モラトリアム（猶予期間）」の名で批判された時代があった。「モラトリアム」は、いま反転して、積極的に意味を見いだされなければならない。「遊び」の意味も、同様に（「遊び」については第11章参照）。

以上、批判を連ねてきたが、では大学は現状のままで良いのか、といえばもちろんそうではない。改善するとしたらどういうことをするべきなのか。大学にいまなにができるか。答えは複数ありうるし、あるべきである。

具体的には以降の章で論じているが、主要なところを挙げれば次のような点が重要だ。大学の研究力・教育力を保ち、高めるには、知的生産における「遊び」の部分を確保することが必要である。また大学がさまざまな意味での多様性の拠点となることも重要である。「グローバル化」の指す意味内容を規定し直し、それを支えることもここに付随する。各教員が、それぞれの専門分野の研究・教育の存在意義を問い返し、多様なチャンネルを用いて自らの知見を社会に還元していくことの大切さは、むろん言うまでもない。

1 産業競争力会議課題別会合（第5回、二〇一五年四月一五日開催）における「イノベーションの観点からの国立大学改革について（下村文部科学大臣提出資料）」による。http://www.kantei.go.jp/jp/singi/keizaisaisei/kadaibetu/dai5/siryou1.pdf

2 「国立大の論文産生国際競争力喪失の原因……最終結論（国大協報告書草案36）」（ある医療系大学長のつぼやき）二〇一五年三月二〇日。http://blog.goo.ne.jp/toyodang/e/315fcae070c65ad77c886147264 61e53

3 白川英樹『私の歩んだ道――ノーベル化学賞の発想――』朝日選書、二〇〇一年二月、一二八―九頁。

4 五島綾子『〈科学〉ブームの構造――科学技術が神話を生みだすとき――』みすず書房、二〇一四年七月、第六章。

第4章
大学の「グローバル化」とは何か

グローバル化の論点

大学にグローバル化の大波が押し寄せている。「スーパーグローバル大学」だとか、ランキング競争、英語専門コース、留学生受け入れ三〇万人計画などといった、さまざまなトピックについて聞いたことがある人も多いだろう。この章では、いま大学のグローバル化について、どのようなことが論じられているのかを確認し、その上でどのようなことを論じるべきなのかを書いてみたい。

大学のグローバル化というと、現政権や文部科学省が主導する施策に目が行きがちだが、私たちのところへ届いているのは、実は政治的な圧力の波だけではない。私たちの身近な社会で進行しているグローバル化の問題もあわせて考えなければならない。ここでは、前者のグローバル化を〈上からのグローバル化〉、後者のグローバル化を〈足もとのグローバル化〉と便宜的に分けておくことにしよう。

大学のグローバル化に関わる最近の論点の大枠を決めているのは、首相官邸に設置された教育再生実行会議による「これからの大学教育等の在り方について（第三次提言）」（二〇一三年五月二八日）、そしてこれを踏まえた「教育振興基本計画」（第二次、二〇一三年六月一四日閣議決定）、「国立大学改革プラン」（文部科学省、二〇一三年一一月）、「日本再興戦略　改訂2014—未来への挑戦—」（二〇一四年六月二四日閣議決定）などである。この内容は重なるところが多いが、全体の論点を俯瞰するためには、前記の教育再生実行会議「これからの大学教育等の在り方について（第三次提言）」と、文部科学省の中央教育審議会「大学のグローバル化に関するワーキング・グループ」が会議資料として配付した「大学のグローバル化に関するワーキング・グループ審議に際しての論点（例）」を参考にするのが良いと思われる。[1]

課題だとされているのは、

（1）大学の国際展開

（2）教育環境の国際化

に大別できる。（1）大学の国際展開としては、たとえば次のような課題が指摘されている。ジョイント・ディグリー（複数大学による共同の単位付与）など海外の大学との教育連携。海外の大学の教育ユニットを丸ごと誘致する案も出ている。日本の大学の海外キャンパスや海外拠点の設置。国際的に通用する大学入学資格（国際バカロレア資格など）による教育の質保証と学生の流動化。大学の国際的な情報発信の必要性、などである。

（2）教育環境の国際化としては、外国人教員の増加、留学生の増加が求められている。これはいわゆる大学ランキングの上昇策と連動していて、文部科学省は熱心である。英語による授業数の増加や英語による授業だけで学位を出すことのできるコースの設置。日本人学生の留学支援。また、事務局の国際化や、外国人教員の生活環境の整備・支援も課題としてあげられている。

東京大学教養学部英語コース（PEAK）でも学生集めは難しい

どのような感想をもたれるだろうか。私自身は、大学のグローバル化に必ずしも反対ではない。上記の〈上からのグローバル化〉の求めているものについても、進めればいいと思うものが少なくない。

知的な環境は、その構成員が多様であった方がより創造的になると私は考えている（本書36頁で紹介したフロリダ氏の議論も参照）。外国人教員も双方向の留学生も、その意味でもっともっと増えた方がいいと思うし、増やすのであればそのサポート策を練るのは当然だ。海外の大学との連携も、どんどん進めれば良い。選択肢は多ければ多い程いい。

ただし、話はそれほど簡単ではない。仮に、英語で教える教員を配置し、世界から学生を集めるコースを作り、大学のランキングも上位にあるとしよう。どうなるだろうか。

先日、東京大学教養学部英語コース（ＰＥＡＫ）の二〇一四年度合格者の七割近くが東大を蹴って外国の大学に流れた、というニュースが話題になった。[2] 東京大学の大学ランキングは、タイムズ・ハイヤー・エデュケーションの二〇一四‐五年において二三位。これを十位以内にしたら、辞退者は減るだろうか。多少減るだろう。ではスーパーグローバルの指定を受けた他の大学はどうするのか。二三位でこの状況であるわけだが。

日本の大学と英語圏の大学では、そもそも学生の大学卒業後の就職先が相当違う。学生が大学を選ぶ際に、その先の人生のコースを考えるのは当然である。英語圏のトップ・ランクの大学の二番煎じをすれば、学生も二番手三番手の学生しか集まらない。当たり前すぎる結論だが、英語で教えること自体をアピールしても何の魅力にもならない。学べることの中身が問題ということになる。

〈上からのグローバル化〉に関して言えば、気になる点が、二つある。国が英語を重視しすぎていることが一つ。〈足もとのグローバル化〉がほとんど視野に入っていないことが、もう一つである。

英語指向と〈足もとのグローバル化〉

英語指向が強すぎるということと、〈足もとのグローバル化〉を視野に入れていないということとは、実は同じ事態を指しているとも言える。要するに、私たちの身近なところで進行しているグローバル化の問題に、うまく対応できていないということである。

私たちの身の回りの外国人は、何人が多いだろうか。彼らは何語を話しているだろうか。彼らのことを私たちはどれだけ知っているだろうか。日本と人的な交流がさかんな国々はどこだろうか。今も今後もアジア諸国がその筆頭にくるのは当然ではないだろうか。

いま大学がその運営の際に用意している言語的なチャンネルは、ほぼ日本語と英語だけである。たとえば私の所属大学の部局では、私費外国人研究生の応募希望者に向けて二種類の募集要項を用意している。日本語版と英語版である。標準的と言えるだろう。だが実際には、希望者の多くは中国人である。たとえば中国語版を用意するということが、〈足もとのグローバル化〉に対応するということである。もちろん、中国語版で提出されれば、受入側の教職員が困難をかかえるという現状がある。だが、徐々に対応していけるような工夫を、大学はするべきではないだろうか。

大学の機能は、先端的な研究成果を上げることや、優秀な学生を送り出すことだけではない。世の中のさまざまな課題を解決するためのアイデアを産み出し、多様な問題に立ち向かえる人材を育てることも重要だ。日本は、今後いっそう多様な文化的背景の人々が生きる社会になっていくだろう。日本の大学が「英語」の方をしか向いていないことは、大きな損失であるし、向きあわなければならない課題への対応力を育てないということにもなろう。

「英語だけ」ではなく「バイリンガル／マルチリンガル」を目指すことが重要だ。組み合わせは、日ー英でも、日ーポルトガルでも、日ー韓ー中でも、なんでもよい。重要なのは多軸化だ。これについては第5章で「複言語主義」という考え方を紹介しているので、そちらも参照して欲しい。「バイリンガル／マルチリンガル」であることは簡単ではないが、組織にとっても教職員にとっても学生にとっても必要かつ魅力的だ。

これも身近な勤務校の例だが、「アジアの中の日本文化」という名称の英語で教育するコースが最近できた。私も多少関わっているが、このコース担当の先生たちと話していて教えられたのは、英語と同時に日本語も学んでいくことの重要さである。

つまり英語で単位が取得できてそれだけで卒業できる、ということは、果たして留学生にとって本当に魅力的なのだろうか、ということである。英語で単位を取得できるにしても、日本にいて日本語を学べるということが留学生たちにとって、もう一つの大きな魅力になるのは当然ではないか。先日、韓国の日本関連学科の教員から、中国人留学生が韓国の日本学関係の学科に学びに来ているという話を聞いた。留学生たちはその理由として、〝韓国語と日本語の両方が習得できる〟ことの魅力を挙げるという。一つの言語をその土地に身を置いて習得できる、ということはたいへんに得がたいチャンスなのだ。このコースは「アジアの中の日本文化」を学ぶコースだという特長があるのは考慮しなければならないにしても、英語コースに所属する学生たちが、在学中に日本語を身につけることは、プラスになりこそすれ、マイナスになることはない。それはどんな分野においても、等しく言えることであるはずだ。

また長期的な今後の鍵の一つは、日本国内の在日外国人の子女が日本の大学に入学し卒業し就職するという道筋を太くすることにあるだろう。政府の主導する留学生誘致策には、企業に対して優秀な留学生を積極的に雇用するようにという提言が含まれている。[3]「優秀な」とわざわざ付けるところが官僚らしいと私は思うが、留学の先に就職があることは方向性として当然だろう。

このことがどういう結果になるか、容易に予想できる。三〇万人の留学生のうちの何%かが定住する可能性があるということである。そしてもちろん、在留外国人は留学生以外にも数多く、彼らには子女がいる。現在の日本の教育制度は、外国人の子弟教育に十分な手を打てていない。これはとても残念なことだし、将来の大きな不安材料でもある。外国人たちの子女が高等教育を受けやすくすることは、この国の安定と活性化につながると私は考えている。さらに言えば、大学はそれをサポートするために、多文化共生に関わる思考、政策、制度、価値観、資料などを研究し、教育し、提言する拠点とならなければならない。

日本人としてのアイデンティティを高めるのがグローバル化なのか

以上で私の言いたいことは尽きているのだが、一つだけ最後に書き加えておきたい。現政権の特徴である自国愛的な傾向が、大学のグローバル化の文脈においても影を投げかけているということである。前掲した「これからの大学教育等の在り方について（第三次提言）」が列挙した提言の一部に次のような箇所がある。

④日本人としてのアイデンティティを高め、日本文化を世界に発信する。
○日本人としてのアイデンティティを高め、日本文化を世界に発信するという意識をもってグローバル化に対応するため、初等中等教育及び高等教育を通じて、国語教育や我が国の伝統・文化についての理解を深める取組を充実する。国は、海外の大学に戦略的に働きかけるなどして、海外における日本語学習や日本文化理解の積極的な促進を図る。また、日本文化について指導・紹介できる人材の育成や指導プログラムの開発等の取組を推進する。[4]

これとしっかりと歩調を合わせた文部科学大臣の談話もある。「平成26年（2014年）10月12日付 インターナショナル・ニューヨークタイムズ紙の記事について」という会見で、大臣は次のように述べている。

日本の学生は海外で日本のことを語れないとの経験者の声が沢山出ていますが、真のグローバル人材として活躍するためには、日本人としてのアイデンティティである日本の伝統、文化、歴史を学ばなければ、世界の中で議論もできませんし、日本人としてのアイデンディティも確立できません。[5]

これは、インターナショナル・ニューヨークタイムズ紙の記事が「日本はナショナリズムとコスモポリタニズムを同時に信奉しており、教育政策立案者たちの不明瞭な姿勢を助長している。彼らは、彼ら自身が『愛国的』と呼ぶ主義にのっとって教科書を改訂し、その過程でアジアの近隣諸国を遠ざけている」と書いたことに対する反論の会見となっている。非常に面白いので、ぜひ原文を読んでみて欲しい。

第5章で再論するが、現政権はジャパン・ハウスを初めとして、海外での「日本」のプロモーションに積極的である。文部科学省は、これを教育の中に落とし込んで、日本の文化を学んだ生徒学生を育て、「日本人としてのアイデンティティを確立」させ、彼らにグローバルに活躍して日本の宣伝をして欲しいと考えているかのようである。

どこに行っても自分のお国のことばかり話す人間を「田舎者」というと私は思う。日本人のアイデンティティは、日本文化を学ぶと身につくのだろうか。それは残念ながら勘違いである。自分が日本人であるということに直面するのは、外国に行ったとき、外国人と正対したときである。アイデンティティは、自分自身を「学ぶ」ことによって生まれるのではない。アイデンティティは、自分とは異なる他者との応答関係の中で生成される関係的なものだ。

グローバル化の提言の中に、もっともグローバルから遠い思想が入り込んでいることは、笑うべきか、悲しむべきか。しかしこれが私たちの教育政策の現状なのだ。

1 「資料6 大学のグローバル化に関するワーキング・グループ審議に際しての論点(例)」(文部科学省 中央教育審議会 大学のグローバル化に関するワーキング・グループ 第一回、二〇一三年七月一七日) http://www.mext.go.jp/b_menu/shingi/chukyo/chukyo4/036/siryo/attach/1338036.htm

2 「東大合格者7割、入学辞退 日本最難関「滑り止め」に」(47NEWS、二〇一五年三月二八日) http://www.47news.jp/CN/201503/CN2015032801001115.html

3 前掲「これからの大学教育等の在り方について(第三次提言)」。

4 前掲「これからの大学教育等の在り方について(第三次提言)」。

5 「平成26年(2014年)10月12日付 インターナショナル・ニューヨークタイムズ紙の記事について」(下村博文文部科学大臣会見、二〇一四年一〇月三一日) http://www.mext.go.jp/b_menu/daijin/detail/1353247.htm

第5章

語学教育と覇権主義

シカゴ大学が孔子学院と手を切るらしい

シカゴ大学の孔子学院が二〇一四年限りで閉鎖される予定だというニュースが流れた。[1]「孔子学院」にノー　米シカゴ大、契約打ち切り」という日本語のニュースもその後出ている。[2]ちょうどその次の日の朝、『朝日新聞』の一面に、「米国の大学、群抜く中国の存在感　習主席の娘も今春卒業」という記事も載った。[3]

孔子学院というのは、中国政府の公的機関で、外国の大学などと提携して中国語教育や中国文化の教育を行っている組織である。冒頭に紹介したINSIDE HIGHER EDの記事によると、米国の大学教員たちから、孔子学院による教育が学問的な中立性を有していないという批判が上がっているということである。シカゴ大の今回の措置は、それが実際に有力大学による判断として形にされたという点でインパクトがあるようだ。

似たような話は、先日学会で出張したブラジルでも聞いてきた。孔子学院は、人件費をはじめとした運用費用を負担する。そのかわり、組織内の人事権は大学には渡さない。カリキュラムも自分たちで編成する。金銭的なメリットが大学には大きいから、それを許す大学もある。ただし、当然そこは治外法権的になるので、懸念も呼ぶ、というようなことらしかった。

INSIDE HIGHER EDの記事では、同様の自国語教育組織としてBritish Institute（英）、Alliance Françaises（仏）、Goethe Institutes（独）に言及しながら、これらと孔子学院との差異は、大学内部に組み込まれている(embedded)かどうかにある、としていた。British Instituteなどは大学とは別組織になっているので、大学に必要な学術的独立性には抵触しないというわけである。

中国だけを叩いても

私はここで孔子学院を批判するために書いているのではない。孔子学院のやりかたはやはり問題が大きいと思うが、一方で根本的な発想においては、他の国々の国策的言語教育機関も同じ穴のムジナであるように思っている。キレイ事を通すのか、なりふり構わずゴリゴリやるのか、という点の違いは大変大きい。なりふり構わぬ強圧は、周囲の離反を呼ぶので最終的には損だろうに、とも思う。

だが、このニュースを読んだ多くの人々が、中国はこんなことをやっている！と腹を立ててそれで終わるとしたら、それは少し一面的な理解になってしまうだろう。どの国も、外国で自国語を広めることの重要さを知っており、そのために額の多寡はあれ、それぞれお金を使っているからである。British Institute、Alliance Françaises、Goethe Institutes、そして孔子学院。韓国は世宗学堂をもっている。

日本は統一的な組織をもっていないが、当然関心もお金も払っている。海外における日本語教育は、公的機関としては国際交流基金とＪＩＣＡが主にサポートしている。日本語教育なら文部科学省だろうと思う人もいるかもしれないが、これらは外務省が親方である。文科省ではなく外務省。そこに、海外における自国語教育が、どのような観点から必要だと思われているかが現れていると言っていいのだろう。

文化振興ではなくて、外交戦略、ソフト・パワー。日本語話者を増やし、日本への関心を増し、知日派を増やすことが、国益につながるわけである。「ジャパン・ハウス」という日本文化を発信する官製の海外拠点を設けるという施策がニュースになっているが、これも根本は同じである。[4]

これもブラジルで聞いた話だが、ブラジルの諸大学の東洋語東洋文化系学科は、もともとは日本の講座の歴史が古く、他の国の講座は開かれていなかった。それがいくつかの大学で中国の講座が開かれるようになり、いまいくつかの大学では韓国の講座を開くよう、韓国の政府筋からプッシュを受けているという（もう開いているところもあるのかもしれない）。先行する日本関連学科を中国学系が追い上げ、韓国学系がそれに続いているのは、オーストラリアでも同様だそうだ。

大学の語学講座は覇権主義の戦場になるのか

私自身も含め、日本に生まれ育った人間が日本にいて日本語や日本文学を教えていると、海外で日本語や日本文化が教えられていることについて、単純にまあうれしいよね、ぐらいしか思い至らない。日本語・日本文化についての関心の網の目が、世界に広がっていく感じを漠然とイメージする。悪い気はしまい。

だが、たとえばブラジルの、ある大学の東洋系学科に視座を置きなおしてみるとしよう。日本関連コース／授業は、東洋学科の一部でしかない。それは中国や韓国についてのコース／授業と併存しているのが常態である。あるいは、よりアジアへの関心・需要が低い国の大学であるならば、日本関連のコース／授業は、「アジア・アフリカ」学科の中に放り込まれているかもしれない。

「大学で学ばれるべき国」の数が限られていた時代だったならば、授業で取り上げて下さるか下さらないかは、どうぞそちらの大学にお任せします、で済んでいた。日本は「東洋」という括りの中では、真っ先に学ばれるべき国の一つだった。学ばれる価値は、そのカテゴリの中では比較的自明だったはずである。だが、いまやもうそのような時代ではない。東アジアにおける経済力のバランスが変わり、アジア諸国から移民した人々が移民先の国で存在感を増し、関心を向けられる対象としての日本の価値は相対的に下落した。さらにいえば、各国がソフト・パワーの重要さに気づいてもいる。「大学でその国について学ぶ学生がいる」ということは、その国の国際的な影響力や交渉力を保ち、また増大させていくためにはとても重要だ。

つい最近にも、日本政府が増大する中国と韓国の影響力に対抗するソフト・パワー政策の一環として、米国のジョージタウン大、マサチューセッツ工科大学（ＭＩＴ）を含む海外の九つの大学の日本研究に、一五〇〇万ドル（約一八億円）以上の予算を付けることにした、というニュースが流れた。[5]

大学の講座は、覇権主義の戦場の一つになっていると考えた方がいいのだろう。

「スーパーグローバル大学」

「スーパーグローバル大学」という、少なからず恥ずかしい名前の大学の選定がこの頃発表されたが、そこで目指されていることの一つは、留学生の獲得である。たしかにそれは大事だ。だが、それをしたいなら、同時に海外で日本語を勉強する人々、学生たちにサポートが回るような工夫もあわせてした方がいいと私は思う。

今の政府が「グローバル」＝英語としか考えていないことも問題だ。それは違う。英語話者を日本の大学に呼んで英語のみですべて教育を終わらせて、Say good byeする。それでいいのか。いろいろな国の人を呼んで、日本語と日本文化に馴染んでもらって、好きになってもらって、そして、またね、と送り出すべきではないか。もしそれを本気でやり始めたら、「日本語」と「日本文化」は変質する。「日本」も変質する。そこまでいってはじめて、グローバルとなるはずだ。

覇権主義とどう向き合うか

私は近代日本文学の研究者である。日本の文化について研究し、日本の文化を教える仕事についている。相手は日本人だけではない。大学院生についていえば、いまや半分は留学生だ。だから、上記のような日本語教育／日本文化教育と、覇権主義との関係は、かなり気になる。

私は時代としては近代を研究対象としているので、日本が戦前に行った外地における強制的な日本語教育について知っている。帝国主義時代の日本語教育は朝鮮半島や台湾、あるいは満洲で、人々に辛酸をなめさせた。そして一方で、——これは評価の難しい問題なのだが——その地域の文化に「実り」をもたらしたことも。

近代のそうした歴史を知っている者ならば、自国の言語的覇権主義には簡単には乗れない。八〇年前、九〇年前に私たちの国がお隣で何をやったか考えて見ようよ、と思うからである。

覇権主義には乗りたくない。だが一方で、日本文学は面白いし、日本文学を考えることは面白い。教えることも、面白い。日本文学は日本人にとっても面白いが、外国人にとっても面白い。外国人は自分の国の言語や文学と比較しながら、あるいはそれを忘れて、日本文学を読んで、さまざまな発見と出会いをする。その現場に立ち会うのは、楽しい。

言語の覇権主義のなかに、私の仕事は組み込まれてしまうだろうか。私は国家的な利害関係の中に取り込まれるだろうか。もうすでにそうなっているだろうか。

大きな物差しで測れば、そうなるだろう。だが、教える現場で、研究の現場で、私はそれに抗うことができるようにも思っている。教えることは、考えさせること、ともに考えることだ。覇権主義に飲み込まれることは避けられないにしても、覇権主義がもたらした日本語の知識や文化が、覇権主義そのものへの抵抗や批判の糧となるというパラドックスを、私たちは近代の歴史の中に目撃しているはずである。たとえば中国や朝鮮半島、台湾の知識人たちは、かつて日本語で左翼系出版物を読んで、帝国日本への抵抗の牙を研いだのだった——。

複言語主義の可能性

覇権主義のなかにからみ取られながらもそれに抗うその時に、ヒントになるかもしれないアイデアを一つ書いて終えよう。「複言語主義」である。

「複言語主義」は、多言語主義／多言語状態(multilingualism)と対比するとわかりやすい。多言語主義・状態は、社会の中に複数の言語が共存する(ただし別個に)こと。これに対して複言語主義／複言語状態（plurlingualism）は一人の個人の中に複数の言語能力があり、それをスイッチして使うことを指す。

ブラジルの日本語教員の人と、先の東洋学系の学科内における中国語／韓国語／日本語教育の覇権争いの話になったときに、意見が一致したことがある。

「だったら全部勉強すりゃいいじゃん！」

大学の教室数には限りがある。大学の予算にも限りがある。教員数にも限りがある。だが、一人の人間の脳のキャパシティーには限りはない。言語の三つや四つは余裕で収容できる。実際どれぐらいできるかはもちろん努力次第だが。言葉を学ぶのは大変である。

言語習得はゼロか一〇〇かではない。「ちょっと知っている」だけで全然違うからである。少し勉強してみるとわかるが、中国語と韓国語と日本語を併存的に学ぶメリットは、非常に大きい。実社会で役に立つだけでなく、それぞれの国の言葉の成り立ちや変化に誰しも興味を抱くはずだ。これらの国々の言葉は、親戚同士である。言語への興味と理解は、互いの国への文化への興味と理解につながる。複言語主義の素晴らしさは、ここにある。

日本語教育や、日本文学、日本文化の研究教育を、日本の色一色で染めようとすると、間違いが起こる。それはゼロサム・ゲームになる。だが、日本語・日本文学・日本文化を、複言語・複文化の一部としていくならば、ウィン―ウィンになれる。あるいは「ウィン＝勝つ」などというさもしい発想をしなくてもよくなる。

また複言語主義は、個人を起点にしているのもよい。覇権主義の問題や、外交関係の問題を論じると、つい人は自分一人の輪郭と国家の輪郭を重ねたくなる。日本への侮辱は自分への侮辱。日本語への軽視は自分への軽視。中国政府への反感は身近な中国人への反感。こういう短絡を、複言語主義は回避できる。複言語主義は、個人の中に多言語・多文化を収容しようという発想なのだから。たとえば仮に韓国政府についていらだつことがあったとしても、自分の中に韓国語を抱え、韓国文化を取り込んでいるのだとしたら、その自らの身のうちの韓国語・韓国文化が、韓国政府のふるまいに対して、適切な距離感を提供してくれるのである。

広田先生曰く

夏目漱石の「三四郎」で、広田先生は次のようにいっていた。

「熊本より東京は広い。東京より日本は広い。日本より……」で一寸《ちょっと》切つたが、三四郎の顔を見ると耳を傾けてゐる。

「日本より頭の中のほうが広いでせう」と云つた。「囚《とら》はれちや駄目《だめ》だ。いくら日本の為めを思つたつて贔屓《ひいき》の引き倒しになる許《ばか》りだ」

此《この》言葉を聞いた時、三四郎は真実に熊本を出た様な心持ちがした。[6]

私たちは、もっと個人の頭の中の広さを信じた方がいい。言語も文化も排他的に、独占的に考える必要などまったくない。そうではなく、言語や文化を個人の中で重ね、出会わせることに積極的になろう。そうすれば、ばかばかしい覇権主義に乗せられたようでありながら、それを利用し返すきっかけを自分の手の中に掴むことができるに違いない。

1 「Chicago to Close Confucius Institute」（INSIDE HIGHER ED、二〇一四年九月二六日）https://www.insidehighered.com/news/2014/09/26/chicago-severs-ties-chinese-government-funded-confucius-institute

2 「「孔子学院」にノー　米シカゴ大、契約打ち切り」（産経ニュース、二〇一四年九月二七日）http://www.sankei.com/world/news/140927/wor1409270043-n1.html

3 「米国の大学、群抜く中国の存在感　習主席の娘も今春卒業」（『朝日新聞』二〇一四年九月二七日）http://www.asahi.com/articles/ASG9P01ZQG9NUHBI01Q.html

4 「ジャパンハウス　LAで来年開所…慰安婦批判に対応」（『毎日新聞』二〇一四年九月二五日）http://mainichi.jp/select/news/20140926k0000m040058000c.html

5 夏目漱石『漱石全集』第五巻、岩波書店、一九九四年四月、二九二頁。

6 「To counter China and South Korea, government to fund Japan studies at U.S. colleges」（*The Japan Times* 二〇一五年三月一五日）http://www.japantimes.co.jp/news/2015/03/16/national/to-counter-china-and-south-korea-government-to-fund-japan-studies-at-u-s-colleges/#.VVK_JM8cTX7

第6章

「大学は役に立つのか？」に答えるならば　総論編

昔から問われつづけた疑問なのだろうが、最近とくに目にすることが多くなった問いに、「大学に通って何の意味があるのか」「大学は役に立っているのか」というものがある。これは色々な角度から答えられるし、その答えは誰に対して答えるのか――保護者なのか、一般社会なのか、同僚なのか、文部科学省なのか、企業経営者なのか、などなど――によっても力点が変わるだろうが、ここでは学生向け、一般社会向けに、私なりにこの問いに対して大まじめに答えてみようと思う。

内容としては、おおよそ次のような項目となった。

1　世の中の考え方には「基礎」があり、「応用・発展」があり、「変遷」がある

2　判断を下すためのポイントは複数あるのが普通である

3　まともな成果を出すには手間暇がかかる
4　芽が出るのか出ないのかわからないさまざまな種がある
5　何かをしなければならないという強い責務がない状態は大事だ

大学の教員は全員、個別分野の研究をしており、「大学総論」の担当者というのは普通いない。ここではあえて、すべての分野に該当するのではないかという普遍的なことを目指して考えてみることとする。

1　世の中の考え方には「基礎」があり、「応用・発展」があり、「変遷」がある

大学で学ぶ、ということに対し、自分でネットなどで調べるという状態を対比すると、ここで説明しようとしていることがわかりやすいかもしれない。

大学では学問を学ぶ。そして学問は体系になっている。体系というのは「基礎」があって「応用・発展」があって、「変遷」がある。大学で学ぶことができるのは、世の中のほとんどの考え方には「基礎」「応用・発展」「変遷」があるということである。

ここでいう「基礎」と「応用・発展」は、〈簡単→難しい〉、という順序を示してはいない。その分野の枠組みを作っている基本的・根本的な考え方が「基礎」で、それを使って個別の事例・事案に適応したのが「応用・発展」である。「変遷」というのは、そうした「基礎」

「応用・発展」の体系そのものが移り変わってきたという事態を指す。

なぜ、体系――「基礎」「応用・発展」「変遷」――を学ぶことが大事なのだろうか。なにより「基礎」を学んで会得した時の見通しのきき方や応用力というのは、とにかくすごいものがある。人文社会科学系を例に取れば、たとえば思想家のミシェル・フーコーの議論を理解していると、現代の私たちが生きている社会の統治の問題や、権力の問題、性の問題、生命倫理の問題など、さまざまな領域を語るための言葉が一気に手に入る。またこの「基礎」は幅広い分野に跨がって影響力をもっていることも多いので、フーコーを蝶番にして隣接分野の研究者と議論の交換や課題の組み合わせができるようになる。

逆に、体系を知らない場合の知識のかたちは、大切なものも、些末な事実も、基本的な事項も、応用的な変化球も、ごた混ぜとなる。私たちの社会にはいま膨大な情報がある。書籍としての蓄積に加え、日々追加されるネット上の情報も到底一人で追いきれるものではない。

大切なのは、なにが「基礎」なのかを知り、それを身につけることである。「応用・発展」は「基礎」を知っていれば、自然についてくるし、フォローするのも難しくはない。逆に「基礎」を知らないと目先の情報や変化に惑わされて、右往左往することになる。

もう一つ、〈体系は「変遷」する〉ということを知っていることも重要である。いかに優れた体系でも、いつか次の代替的な体系によって打ち倒され、変遷していく。私たちがいま生きているさまざまな知の体系も、必ず今後そうなる。自分自身の現在の立ち位置を相対化できるという柔軟性も、大学で身につけられる重要な素養なのである。

では、大学のカリキュラムが体系的になっているかどうかといえば、実際には、当事者として反省せねばならないことが多い。ただ、教員たちはそれぞれの専門の「基礎」が何なのかを知っており、講義やゼミの中でそれを読んだり学んだりすることを指示しているはずである。知の体系が「基礎」をもとに構造化されていることを知り、「基礎」を押さえて思考する術を身につければ、ものごとの見通しがぐっとクリアになる。

2 判断を下すためのポイントは複数あるのが普通である

なにごとかを学術的に思考するということは、さまざまな説やデータを参照し、集め、案出し、試行錯誤、右往左往して検討するということである。およそあらゆる「問題」に対し、一つの考え方や方法からしか答えが導けないということはない。

先日、火山の噴火があった時、ある専門研究者の方がテレビ局のスタジオに呼ばれて、噴火の仕組みや今後の見通しについて解説を求められていた。その方は、たいへんに歯切れの悪い、はっきりと物を言わない話し方をしていた。一方、その横に座っていた火山や地震に詳しいというジャーナリストの方はとても明晰で、いま求められているべき情報や回答がはっきりわかっている答え方をしていた。

私は一視聴者として、そのジャーナリストの回答に安心感を得たし、いま知りたいことを教えてもらったと感じた。その一方で、その専門研究者がそのようにしか答えられなかったということも、よくわかった。なぜある火山がいまこのタイミングで噴火したのか、そしてこのあとどうなるか、それを説明するには調査と考察が必要である。調査をし、考察し、説明するというのは、膨大なデータを集め、検証し、仮説を提示し、その限界を知り、その上で他者に説く、ということである。

考え方は複数ある、データは多義的である、したがって判断は複雑な要素の勘考を経るしかなく、判断の「正しさ」には限界がある——ということを知っているということがとても大切である。大学で学問研究に触れると、身をもってそれを経験する。図書館で先行する文献を読みあさったり、実験室であぁでもないこうでもないと工夫したり、インタビューをして回ったりすると、問題は簡単ではない、それを考えるための観点も資料も多種多様だ、ということを思い知る。

複雑でありすぎる要素を整理し、簡単ではない問題を自分なりの観点からまとめ、他者に話す。そして質問に答えたり、反論されたり、褒められたり、スルーされたりする。その経験が大切なのである。

少子化問題でも、米軍基地問題でも、領土問題でも、「従軍慰安婦」問題でも、表現の自由の問題でも、これだという正解は簡単には導けない。複雑な経緯と、多すぎる要因が相互に絡み合っているからである。

いま、私たちの社会には「わかりやすい言葉」「単純な言葉」「直感的にわかる言葉」「感情にのみ訴える言葉」が溢れている。情報量が増える一方、個別のメディアへの接触時間が細切れ化している状況では、必然的な傾向とも言える。しかし、単純な言葉は、本来複雑な事象を単純化し平板化した言葉であるということを、知らねばならない。

世の中の複雑さに対して謙虚であること、複雑さを縮減せずに判断しようと試みること、そして自身の知の限界を知ること——これらは理性的な社会人として振る舞うための重要な素養なのである。

3　まともな成果を出すには手間暇がかかる

最近、図書館に行くのがおっくうになった。私の職場の場合、研究室のある文学部の玄関を出て、目の前が中央図書館である。道を隔てた向こう側、目と鼻の先である。至近、である。にもかかわらず、図書館に行くのに気合いがいる。怠けるのもいい加減にせよと反省するのだが、どうも私個人の性向の問題だけではないように感じる(それも大きいとは思うが)。

いま、私たちの社会では、データや資料のデジタル化が急速に進んでいる。私自身のこれまでの勉強や研究方法の変遷を考えてみても、この点ははっきりしている。私が学部生や大学院生だった一九九〇年代には、パソコンは主に文字入力機器であり、ＯＰＡＣの検索端末でしかなかった。ほとんどの文系研究者にも同じことが当てはまるはずである。検索結果を手に、図書館へ足を運ぶしかなかった時代の話である。

ところがいま、私は研究室にいながらにして、論文を集めて読んだり、図書館の資料を見たり、過去の新聞記事を読んだりできる。たいへんに、ありがたいことである。

その一方で、危惧も感じる。欲しい資料がその場で手に入る、というのはたしかに素晴らしい進歩だが、「考えたいので欲しい資料を探す」が「手に入る資料の範囲で考える」に、ともすれば反転しそうになる。

学生たちのレポートを見るとこの傾向ははっきりしている。ある年、期末レポートで出した課題で、多くの学生が同一の研究論文をこぞって引用してきたことがあった。引用されている論文は、とくに有名な研究者によるものでもなく、有名な論文だというわけでもなかった。もしや、と思ってグーグルで検索してみると、案の定その論文は検索結果の上位に出て来、かつその場で本文をダウンロードできるものであった。

これは卑近な例であるし、デジタル化の状況次第で変わる例でもあるが、ここで述べたいことの肝は、「研究はめんどくさいものだ」ということである。まともに自分の足で調べ、自分の頭で考えようとすると、時間もかかるし手間もかかる（そして多少のお金もかかる）のだ。

そして、まっとうにものごとをやろうとすると手間暇がかかる、というのは研究の世界だけのことではない。どの仕事、どの分野でも、きっとそうだろう。丁寧で、尊敬され、尊重される仕事は、手間暇がかかっており、だからこそオリジナルな仕事だ。近道を通って、手早くありあわせのもので仕上げた仕事には、所詮それだけの価値しかない。

私は、受験勉強の価値をある意味で認めている。受験勉強は時間がかかり、めんどうだ。しかし、そのめんどうさに堪え、机に座り続ける。この能力は、大切である。大学の学問世界で受験勉強がそのまま役に立つ場面は少ないが、しかし粘り強く机に向かう能力を身につけた学生は、学術の世界でも一定の成果を出す。

おそらく大学卒業後においても同様の構図は該当するだろう。大学の学問がそのまま仕事で役に立つという場面は少ない。しかし大学の学問研究で身につけた「姿勢」が、仕事に向き合う時に役に立つということは、一定程度ある。

大学で学ぶことが役に立たないと主張する人は、学ぶことの「内容」のみを言っていることがほとんどである。「内容」が役に立たない場面は当然あるだろう。しかし、大学で学ぶのは「内容」だけではない。知的な作業に従事する「姿勢」を身につけることができる。その「姿勢」は社会に出てからのさまざまな場面で、その人自身と周囲の人を必ず助けるだろう。

4　芽が出るのか出ないのかわからないさまざまな種がある

「大学で学んだことが役に立つ／立たない」ということの判定は、いったいいつの時点で、そしてどの場面で下すべきなのだろうか。この問いを耳にする時、私はいつも考え込む。新入社員の時だろうか、中堅社員になってからだろうか、リタイアしてからだろうか。職場においてだろうか、家庭においてだろうか、趣味の領域においてだろうか。

「役に立たない」と述べる人は、大学に通うことにお金と時間を費やす価値はあるのか、と問うているのだろうから、多くの場合は対価や見返りを求めているのかもしれない。とするとたいていは仕事の面で、社会人である期間に、役に立つことを求めているのだろう。

この対価や見返りはあるのかという問いかけに対して、私は二つの方向から答えられると考えている。

まずは「役に立つ／立たない」を全人的な基準で考えるべきだということである。ここでいう全人的ということの意味は、その人の人生のあらゆる場面、あらゆる期間において、考えてみようということである。いま役に立たないと思ったことでも、あとから役に立つということはある。しばらく忘れていたけれども、思い出して活用し出すものがある。学んですぐに使えなくても、あとから芽を出すものもある。ここでは使えなかったけれど、場面が変わったら使えるようになることがある。なにがいつどこで役に立つかわからない、しかし身につけていれば、どこかでそれが発現する。その未来の発現に希望を托しながら、自分自身の今を鍛えていく。学ぶとは、そういうことではないだろうか。

もう一つは、大学の多様性を活用して欲しい、ということである。大学には多様な学域の専門家が集まっている。図書館もネット環境も整っている。貪欲に、それらに接触しよう。週に一回、たった半年だけ聴いた講義でも、妙に印象に残っている授業というのは誰しもある。それが、いつか何かにつながるかもしれない。必要な本を探しに行った図書館で、たまたま見かけた本が、思いもよらない物の見方を教えてくれることもある。

大事なのは「実」ではなく、「種」である。学生にとって大学は「実」を結ばせる場ではなく、「種」を獲得する場である。

また、大学は学問をするだけの空間ではない。部活やサークルがあり、友人や先輩後輩のネットワークがあり、地元の文化との地縁の宝庫であり、留学、旅行、インターン、アルバイトなどさまざまな社会経験の足場となる基地である。先に私は「役に立つ／立たない」を全人的な基準で考えて欲しいと述べた。大学が小学校・中学校・高校と異なるのは、大学が学生の全人的な経験に関わりうる、多様な側面をもった、懐の深い空間だという点にある。

大学に対価を求める考えの方は、大学で教えられていることの内容を金銭に置き換えようとして、「高い！」「割に合わない！」と言っているのだろう。もちろん、授業の内容は高質であるに越したことはない。しかし、大学在学中に支払う金銭に対応するものは、はたして授業の内容だけなのだろうか。大学に在学することでえられるものは、それほど簡単に計れるのだろうか。

「役に立つ／立たない」ということを近視眼的に捉えてはならない。

5 何かをしなければならないという強い責務がない状態は大事だ

働き始めてわかったこと――大人は忙しいということである。職をもっている人だけを言っているのではない。家庭で働いている主婦・主夫も、子育てしているお母さんお父さんも忙しい。

忙しいと、ものごとに優先順位ができる。優先順位の高い順から、一週間七日間、一日二四時間を配分していく。大事な仕事、締め切りのある仕事から、こなしていく。自分自身のこと、成果や効果がすぐに出なくてもいいことは後回しになっていく。

そういう状態になっているあなたに、私は聞いてみたい。学生に時間が余っていることは、はたしていけないことだろうか。自由な時間があることは、何事にもかえがたい、素晴らしいことではないのだろうか。

大学にいま襲いかかっているのは、効率化の波、成果主義(大学評価)の波である。それは学生にも波及する。語学教育、実習、講習会、インターンシップ、留学、就職活動、講演会、などなどなど。大学側は、自分たちが仕事をしていると主張するため、就職率や資格試験の合格率や語学試験の結果などを上げるために、隙あらばイベントや講座、機会を案出する。それらは学生からの需要も高いし、大学と連携する企業や諸機関からの要請も高い。

そして学生たちの大学生活はどんどんと多忙になっていく。

もったいない、と日々仕事に追われる私は思う。自由な時間はお金を出してでも欲しい、多くの人はそう思うのではないだろうか。それは怠けたい、休みたい、という気持ちの表出ではないと私は思う。人々は自由な時間があれば、何か自分自身や他者のためになることをしたいと思っているのではないだろうか。自分自身の力を向上させたり、人とのつながりを深めたり、何かを創ってみたりしたい。そう思ってはいないだろうか。

ただし時間だけがあっても、考える材料や使う材料がなければ何もできない。人のネットワークがなければ発想も広がらない。

大学には、それらが豊富に備わっている。大学にそれがなくても、大学にいる期間や身分を生かして、大学の外へ行く事もできる。そうした自由な時間、自由な振る舞いが、何かを創り出すことにつながるのだと私は信じている。

かつて大学は「モラトリアム（猶予期間）」の名の下に批判された。私はいまや、「猶予期間」の大事さを思う。それは積極的な意味での「遊び」の時間である。私は、私たちの社会が、大学における「自由」の時間に、もっと価値を見いだすべきだと考えている。それは大学生のためでも、大学の職員、教員のためでもない。私たちの社会が「自由」というものにもっともっと積極的な価値を認めるためである。

教育機関であり、研究機関である大学に自由が保証されることは、大学以外の世界に必ず波及する。大学で自由を享受し自由に触れた学生は、自由の意味と価値を知った社会人になっていく。

自由の場としての大学の存在価値を、そして大学生活とはその自由を享受できる他に代えがたい期間なのだということを、あらためて考えてみて欲しいと思う。

以上、大学で得られるものは何かということを、大学の教員という立場から総論的、すなわちさまざまな分野に該当するのではないか、という方向で考えてみた。次章では、私の専門である日本文学研究の場合において、「役に立つのか」という問いかけに答えてみたい。

第7章
「大学は役に立つのか?」に答えるならば
日本文学研究の場合

日本文学研究は役に立っているのか

説明しようとしているのは、私自身が研究している「日本文学研究」という分野である。なかでも、私は近現代文学という明治時代以降の文学を研究している。文学研究——聞くからに「役に立」ちそうにない、だろうか。新素材開発も人助けもできない分野である。

しかし、角度を変えると、文学研究が世の中に寄与していることはいろいろとある。要点は以下のとおりである。

A　大学で文学を学んで得られること・わかること

1　日本の文学的資産を循環させ、再生産に寄与する
2　「文学に関わる」ための技術・知識・嗜好・時間を獲得する
3　文章を「何が書いてあるか」ではなく「どう書いてあるか」の視点で見られる
4　文学は他領域へ関心や知識が伸びていくよい導きとなる
5　日本文学は、日本人による日本人のためだけの文学では（昔も今も）ないと知る

B　大学に文学研究が存在する意義

1　自国（大学所在国）の文化を研究する
2　日本文学の研究者を養成する
3　日本文学に理解をもつ日本人学生を養成する
4　日本文学に理解をもつ留学生を養成する
5　国語科の教員養成を担う

それぞれ簡単に説明してみよう。

A　大学で文学を学んで得られること・わかること

1　日本の文学的資産を循環させ、再生産に寄与する

『万葉集』の昔に始まり、『源氏物語』『平家物語』『好色一代男』『曽根崎心中』。近代に入って夏目漱石、森鷗外、芥川龍之介、谷崎潤一郎、太宰治。ノーベル賞文学を取った文学者も川端康成、大江健三郎の二人がいる。村上春樹が世界中で読まれているのはご存じの通りである。

日本文学の「資産」は、大変恵まれた状況にある。あえて比較をすれば（もちろん競争が目的ではない）、他の国々の多くがこうではない。一〇〇〇年以上も前の文学作品が、散逸せずに残っていることは、ほとんど奇跡的なことである。多くの国で、過去の作品は戦乱などにより亡失してしまったり、建国が浅かったり、言語芸術への関心が低かったりして、古代から現代まで大量の作品が揃っているという状況にはない。

日本文学は、その意味で貴重な文化的遺産の宝庫であり、かつ社会内で文学的趣味が（弱体化しているとはいえ）継続している「生きた伝統」の中にある。

ところであなたは、『万葉集』が注解なしで読めるだろうか。ほとんどの人が、読めないだ

ろう。私も注釈なしでは読めない。私たちは江戸の文学でさえうまく読めなくなっており、明治大正文学もそろそろ「古典入り」の気配である。当然だ。言語文化は推移するから、昔の作品が読めなくなるのは当たり前なのだ。

このことは、放っておけばこの「遺産」の継承者がいなくなるということを意味する。それはとても寂しいことであり、また私たちの世代のあとに何百年何千年と続く（と願う）世代へと「遺産」をよりよい状態で受け渡すために、あってはならないことである。

日本文学研究者は、過去の作品の解釈を考え、それを歴史的に意義付けするだけでなく、出版界や図書館界と連携することによって、その維持保存に携わっている。

そして同時に、そうした作品へアクセスするための必要な能力を、学生や一般の人々に伝えている。こうした機能はさほど目だたないが、資産を受け継ぎ、それを生きたものとし、新しい創作を生み出すための人と環境を作る、社会基盤となっている。

2　「文学に関わる」ための技術・知識・嗜好・時間を獲得する

そもそも、「文学に関わる」ことは大切なのだろうか。小説を読み俳句を作ったりすることは、ただの娯楽であり趣味であり暇つぶしではないのだろうか。

そういう面もある。肩肘張らず、個人の楽しみとして文学に関わることはできるし、それは人の人生を豊かにする、とても意義のあることである。

しかし、それだけではない。「物語」を例に取ってみよう。物語を読んだり聞いたりする経験が、私たちにもたらすものに、登場人物／世界への「シンクロ＝同調」がある。恋愛小説で恋人に恋し、生の苦悩を描いた作品で深みにはまり、冒険活劇でページをめくる手が止まらなくなる。いずれも、主人公たちの経験を、我が身のものとして受け止める、私たち人間の能力が基盤になっている。人間には物語による〈経験の擬似的共有能力〉が備わっている（現在脳科学や認知科学の方でも、こうした〈経験の擬似的共有能力〉についての研究が始まっている）[1]。

〈経験の擬似的共有能力〉に基づきながら、物語は私たちの社会で重要な役割を果たす。哲学者のハンナ・アーレントは、個人的な体験を、公の空間に解き放つ回路の一つとして、物語に価値を見いだした（『人間の条件』）。やはり哲学者のユルゲン・ハーバーマスは、小説の登場人物の人間性を人々が共有的に論議するというサロンの空間を、人間の公共圏のモデルとして設定した（『公共性の構造転換』）。

非常に簡単に言うと、この能力と物語の存在とによって、私たちは他者の経験や視点をシェアすることが可能になっている。私たちは物語を読むことによって、バグダッドに生まれた少年の経験を擬似的にシェアできるし、ソウルに生まれて東京に生きた詩人の視点をシェアできる。

この能力・機能は、社会の中でとても重要な役割を果たす。人と人の相互理解や、異文化への想像力、感性の豊かさ敏感さを養うのである。もちろん、この能力は負の方向へも発揮できる。先の大戦中、文学は国民の感情を戦場へ動員した。

文学作品を読み聞く能力は、基礎的なものが人間に元来備わっているが、トレーニングを積めば、それはより高度に発達する。現代の学生はあまり文学作品に接触しなくなっている。国語の授業で、教材を読んでそれだけ、という例もめずらしくない。大学に入学し、文学関係の講義やゼミを取れば、文学にまつわる「技術」「知識」を高度化でき、卒業後の人生の長期にわたって効果を発揮する「嗜好」を獲得し、集中して読むための「時間」を得られる。

3　文章を「何が書いてあるか」ではなく「どう書いてあるか」の視点で見られる

文学研究は、「その作品に何が書いてあるのか」も問題にするが、「どう書いてあるのか」をより重要視する。別のいい方をすれば、その文章のレトリックを読み解くということである。「何が」ではなく「どう」を扱うことは、それほど簡単なことではない。時間を掛けて作品を再読三読しなければならないし、読むための記述やパターンの習得も必要である。しかし、いったん文章の「どう」を読み解く力を手にすると、文学作品ではなく、世の中のさまざまな文飾、文辞を読み解くことができるようになる。読む楽しみ、読む味わいは格段に広がるし、同時に批判力も身につく。世の中には、何かを糊塗するためのレトリックも溢れている。

この意味で、文学作品の文飾を読み解く能力は、メディア・リテラシーの能力——新聞やテレビ、広告などを批判的に読み解く能力——とも親和性が高い。

4　文学は他領域へ関心や知識が伸びていくよい導きとなる

あらゆる学問分野に言えることだが、その分野を学ぶことがその分野内で完結することはまずない。学術は、隣接する他の学問分野や社会的なできごとと積極的に応答を繰り返し、あたかも呼吸をするようにその新鮮さや感度を保つ。

日本文学研究で言うと、日本や関係する地域の歴史学と密接なつながりがあるのはもちろん、他にも思想・哲学の潮流と大きく交差している。とくに一九七〇年代以降のポストモダニズムの時代から二、三〇年の間、「言語論的転回」といわれるパラダイム・シフトのなかで、文芸批評はあたかも思想的な主戦場のような感を呈していた。その後批評はさらに文化論的な転回をして、文学研究は文化研究へとその輪郭を広げていくが、その際にも理論的なフレームは二〇世紀末の達成が基礎になっている。この高度な達成を学ぶことは、現代文化を理解し、思考するための強力な武器になる。

その他にも、ジェンダーの問題を考えるにも、東アジアの関係の今昔を考えるにも、美術や映画との交渉を考えるにも、サブ・カルチャーの可能性に取り組むにも、植民地や占領の問題に取り組むにも、表現の自由の問題を論じるにも、文学はつながっていける。それは、文学作品が世のあらゆるできごとを扱って来たという歴史をもっているからである。

5　日本文学は、日本人による日本人のためだけの文学では（昔も今も）ないと知る

日本文学研究は、自国の文化についての誇りを育てる分野であるかのように受け取る人もいるかも知れないが、それは違う。もちろん、日本の文化の素晴らしさを認識することは、よいことだと私も思う。しかしそれが、他国の文化への無知や無関心、あるいは優越感の裏返しであったとするならば、むしろそれは逆説的なことに自国文化への無知でしかない。

日本文学は、諸外国との交渉の歴史なしで発展しえなかった。『万葉集』には帰化人の歌人が数多くいる。大陸や朝鮮半島の先端的な文化や思想の流入なしでは、『万葉集』も『源氏物語』も成立しなかった。現在、日本の図書館や博物館には、膨大な量の中国大陸や朝鮮半島に由来する古典籍が収蔵されている。それはこの列島に住んだり住み着いたりした先人たちの、知的な交流の直接的痕跡である。ちなみに、前近代から近代の始めごろまでは日本の知識人は日本語だけではなく漢文＝書記中国語でも書いている。

近代では西欧文学・文化が圧倒的な影響をもたらした。日本文学も大きく様変わりし、文体、思想、物語ともに現代の私たちの知るものに近いかたちになった。西欧化は近代化であったわけだが、ここでもう一つ大きな変化が現れる。日本は東アジアの中でいち早く近代化の道を進んだ。その結果、東アジアの近代化が日本（語）を経由地として進められるという状況が生まれた。留学生が東京を目指したり、西欧語の書物を翻訳したりする際に、間に日本語が入る「重訳」の状況も生まれた。

自主的だったり強制的だったりと理由・経緯はさまざまだが、日本に住む中国系・韓国系の人々が増えはじめ、現在の日本の社会もその延長上にある。戦前は、中国大陸や台湾、朝鮮半島、南洋諸島に住む日系住民も多くいた。敗戦後から一九五〇年までの引揚者は（軍人・民間人あわせて）六〇〇万人を越えると言うから、おおよそ日系総人口の八〜九％ぐらいが海外にいたことになる。膨大な数だ。この時代の日本文学は、東アジア各地の各民族の日本語話者が書いた「日本語文学」という様相になっている。私たちはその記憶や遺産をうまく継承できていない。

そして現在、在日朝鮮韓国人の作家たちの活躍や、アメリカ人、中国人、台湾人、スイス人、イラン人などの日本語で書く作家たちの登場がある。日本人も、英語やドイツ語で作品を書いて発表している。もちろん、外国語に翻訳される日本語の作品を考慮に入れることも大切だろう。

日本文学は、日本人による、日本人のためだけの文学ではない。むしろ、多文化間の活発で長期的な交流が、現在の日本文学の豊穣さの根源である。日本文化を大切にし、それをさらに振興させたいならば、異文化の接触と交渉こそが重要である。日本文学を学ぶことは、日本文学・日本文化の開放性を知ることである。この知は、偏狭なナショナリズムが、文化の豊かさを損なうことを防いでくれるだろう。

B　大学に文学研究が存在する意義

1　文化維持の基盤となる

「文学」なんて趣味的なものだから大学には必要ない、という見解をもつ人がいるかもしれないが、それは違う。

放っておけば、どんどんと私たちは過去の文学的資産を読んだり手にしたりできにくくなってしまう。過去を引継ぎ、それを現在の我々が利用できる「豊かな泉」するためには、過去の言語芸術の蓄積に容易に到達できるようにするためのインフラの整備（たとえば図書館や選集や注釈）が必要で、さらにはそれを読める、読みたいと思うような人を育てる、リテラシー教育が必要である。

こうした整備や教育は、直接的な営利活動には向かない。儲からないし、利益の形が見えにくく、説明しにくいため、一般企業が担うのは難しい。しかし、そういう回路は、私たちの国の中に、ぜひともなければならない。大学は、それを担う。図書館というアーカイブ装置と、その維持・形成に携わる教員と図書館員、リテラシーの質を上げる学部・大学院教育がある。過去の遺産へのアクセス可能性と、文学に関わることについての技術・知識・嗜好をもった人々を輩出することは、社会における文化的な再生産を活性化する。そして社会の寛容度を上げ、居心地をよくし、豊かさの経験を向上させる。なぜなら文学は、人々が個人的な感性や思考を公共的な空間に放ってシェアする回路だからである。多様な文学が存在することは、自分一人では経験できない多様な経験を、文学という回路を通じて擬似的に追体験することを可能にする。それは他者理解にも、自己理解にも、過去の理解にも、現在の理解にも、有用である。

2 パブリック・ディプロマシー（文化外交）の一環として

また、文学をはじめとした大学における人文系学域の活性度は、日本という国が、文化の継承と発展、考究に力を注いでいる国だということを示す一つの指標でもある。文化の振興に力を注がない国は、他国からも、そして自国民からも敬意を得られないだろう。この意味で、日本に存在する大学に、日本文学の講座や教員がいることは、重要である。逆に言えば、そういう講座や専門家がいないとしたら、なんと、もの寂しいことだろうか。

自国文化を重視せよという物言いは、ナショナリスティックな言辞と近接するために、個人的にはあまり好きではない。言い方に注意が必要だ。しかし他国との比較や、自国の優越性の語りのためではなく、むしろ自国文化のより開放的な発展のためにこれを考究することは、今後ますます重要であることは間違いないところだろう。

3　知日派を育てる

自国の文化を研究する組織が大学にあることの意義は、別の角度からも言える。留学生たちは、何を学びに来るだろうか。工学であったり、法学であったりいろいろだろうが、外国出身の彼らは生活空間である日本の文化に興味をもつ。そのときに、日本の文化——必ずしも文学でなくてもいいが、文学は主要な一つだ——を講じている講座やカリキュラムが日本の大学にあることは、重要である。それは彼らの日本についての知見を広げ、彼らが持ち帰る知識の厚みを増す。

日本文学関連の授業をとったり、コースに所属する留学生たちもいる。日本に留学した外国人たちは、知日派の卵になるが、日本文学コースに所属した学部生や大学院生は、その中でも高度な日本文化のリテラシーを身につけることが多い。通常のコースとは異なり、日本文学のコースでは複雑な日本語を大量に読むことを課せられる。自然、彼らの日本語力は高度なものになり、情報の収集力や判断力が格段に増す。

帰国した留学生たちは、日本についての知を、在学期間中や帰国後に、周囲へ運んで広げる。それは目に見えにくいものだが、草の根で息づき、拡散する。留学した息子・娘の住む国に関心をもたない親がいるだろうか。留学先の経験を友達に話さない若者がいるだろうか。留学生は、留学生を呼び、日本について知識や関心をもつ人々の数を増大させる。一人の留学生の背後には、一〇人の潜在的知日層が存在しうると考えるべきである。

留学生たちは、日本を「翻訳」する通訳者になる。逆もまたしかり。留学生たちは母国を「翻訳」して、日本社会に伝えてくれる。留学生の数は、多ければ多いほど、国と国とを確かに結びつける。

4 「国語」の教員養成を担う

一般にはあまり意識されていないことであるが、大学の日本文学研究の講座や教員は、国語科の教員養成に深く関わっている。文学部の日本文学講座の学生は、中学校や高校の国語の教員免許を取得することが多い。教育学部の国語教育コースには、必ず日本文学関係の教員がいる。塾も考慮に入れれば、この数はもっと増える。文学研究に携わる大学院生の定番のアルバイトは、塾講師である。そのままプロの講師になる人もいる。

国語の教科書には、小説や詩の教材がたくさん載っている。なぜだろうか。私たちは、私たちの子供の言語能力を、実用的な方向だけで育てたいとは思っていないからではないだろうか。義務教育課程の国語教科書が、メールの書き方や、会議のプレゼンの仕方、電話の応答の方法などといった、実用一点張りの内容に変わったと想像してみる。そうした国語の教科書でしか勉強してこなかった子供たちの言語能力は、著しく貧しいものになってはいないだろうか。

言語はすべての文化的活動の基礎である。それは際限なく豊かであった方がいいと私は考える。国語の教材には多様な方向の評論文が掲載され、小説や詩歌が載っている。私たちは、子供たちの言葉の力、言葉の方向性を、できるだけ広げたいと思っているはずである。それが彼らの将来の豊かさに直結することを、私たちが感じているからである。

国語の教師・講師は、子供たちの言語能力を伸ばす補助者である。であれば、教師・講師たちの言語能力、読解能力は、高いものでなければならない。教材の評論文の述べていることを適切に読み取るにはどうしたらいいか。小説や詩歌をより深く味わうにはどうしたらいいか。子供たちの読んだ経験をどうやって交差させ、より豊かなアウトプットに繫げていけるか。日本文学に関わる大学教員は、国語の教師・講師を養成する一翼を担っているのである。

なお、日本文学に関わる大学教員は、入試でも活躍する。あまり詳しく書けないが、入試は大事である。国語の入試がなくなることは、ありえない。そして国語の入試問題は、質が高い方が当然いいだろう。

1 Kaufman, Geoff F., and Lisa K. Libby. "Changing beliefs and behavior through experience-taking." *Journal of personality and social psychology* 103.1 (2012): 1.

Ⅱ　変化するキャンパスと社会

第8章
東京大学「軍事研究解禁」騒動とデュアル・ユース

騒動の経緯

二〇一四年の一月に、東京大学が軍事研究を「解禁」したというニュースを目にした人も多いだろう。これは直後に同大学による否定コメントがメディアに流れ、大学総長の同様の声明も出されたために、一応一件落着ということになっているかもしれない。
しかし、この問題の根は思ったより深く、現在も進行形の問題であるということを以下述べてみたい。より細かい経緯や参照したサイト、引用などについては、この章の元となったブログをご覧いただければ幸いである。[1]
まず簡単に騒動を振り返っておこう。始まりは、『産経新聞』が二〇一四年一月一六日の朝に配信した「東大が軍事研究解禁　軍民両用技術研究容認　政府方針に理解」[2]という記事だった。

東京大学（浜田純一総長）が禁じてきた軍事研究を解禁したことが15日、分かった。東大関係者が明らかにした。安倍晋三政権が大学の軍事研究の有効活用を目指す国家安全保障戦略を閣議決定していることを踏まえ、政府から毎年８００億円規模の交付金を得ている東大が方針転換した。軍事研究を禁じている他大学への運営方針にも影響を与えそうだ。

このあと、ＮＨＫも「東大大学院 軍事研究一定程度可能に」（ＮＨＫ）などと追報した[3]。『産経新聞』は明確に書いていないが、問題になっているのは東京大学大学院情報理工学系研究科の「科学研究ガイドライン」という主に大学院生向けに出された文書である。

もう一つ注目すべきことには、下村博文文部科学大臣も同日の閣議のあとの記者会見で次のように述べていることである。

東京大学が、東京大学の立場をより明確にするとの観点から、情報理工学系研究科の「科学研究ガイドライン」を昨年12月に改訂したことについては、承知をしております。東京大学の内部のガイドラインに係る取扱いは、東京大学が自主的に判断されたことであり、文部科学省として尊重したいと思います[4]。

これに対する記者の質問は、「一部報道で、東京大学でこれまで禁じてきた軍事研究を解禁するということが伝えられました。文部科学省として把握している状況と今回の方針転換について、大臣の御所感を」というものであったわけであるから、文部科学大臣のこの回答は、軍事研究を「解禁する」という大学判断を「文部科学省として尊重」すると答えたと受け止められる。

大学の各メディアに対する返答の仕方に揺れがあり、さまざまな憶測を呼んだが、東京大学は最終的に「誤解を招いたようだが、軍事研究禁止の方針はこれまでと変わらず、一部でも認めない」「今後は個別の研究を確認し、軍事目的の研究と判断すれば研究を認めない」と全面否定した。[5]

これを読んだ時点では、私はならばまあよかったと思ったし、ネットの反応を見た限りではそう思った人たちも多かったようだ。

東京大学総長の声明

あわせて、濱田純一東京大学総長(当時)による「東京大学における軍事研究の禁止について」という声明も出された。これは「学術における軍事研究の禁止は、政府見解にも示されているような第二次世界大戦の惨禍への反省を踏まえて、東京大学の評議会での総長発言を通じて引き継がれてきた、東京大学の教育研究のもっとも重要な基本原則の一つである」[6]と書き出されていて、一応の安心感をもって読み始められるものだった。
ところが、読み進めるに従って論理的にグダグダになっていき、結論にたどり着くと、結局これは軍事研究への参加を否定していないのではないのか、という地点にたどり着いてしまう。[7] 最後の段落はこうなっている。

このような状況を考慮すれば、東京大学における軍事研究の禁止の原則について一般的に論じるだけでなく、世界の知との自由闊達な交流こそがもっとも国民の安心と安全に寄与しうるという基本認識を前提とし、そのために研究成果の公開性が大学の学術の根幹をなすことを踏まえつつ、具体的な個々の場面での適切なデュアル・ユースのあり方を丁寧に議論し対応していくことが必要であると考える。

この、《「一般論」だけではなく「具体的な個々の場面」に対応していきましょう》という論法は、要するに原則を論じるのを止めて、個別の事案に柔軟に＝グダグダに対応しましょうという方針の、婉曲的な言い方である。原則が保てないときに、にもかかわらず何かを押し通したいときに、人はこういうことを言う。

「デュアル・ユース（用途の両義性）」とは何か

この文章の読み方として私がもっとも参考になったのは、科学技術社会論が専門の平川秀幸氏のツイートである。

一昨年から始まった革新的研究開発推進プログラム（ｉｍＰＡＣＴ）や一昨年末改正された研究強化法でも、それぞれ軍事技術は「国民の安全・安心に資する技術」「我が国及び国民の安全」というソフトな表現で軍民両用研究・軍学連携推進が謳われている。[8]

ちなみにデュアルユースの議論は、大別して、軍事転用可能性をはらんだ研究を、その可能性（リスク）を警戒しつつ非軍事的な発展を狙う規制的な話と、その可能性をチャンスとして積極的に追及する振興的な話の二種類があり、安倍政権のもとで後者が突出してきた感じ。[9]

平川氏の解説を私なりに調べ直してまとめると、こういう事である。まず、濱田東大総長（当時）の文言にあった「国民の安心と安全に寄与」という言葉は、一般用語ではなく、背景がある。ここ数年の科学振興策と関連法改正の中で、「国民の安心と安全」は、「国防」の婉曲語として用いられてきた（ただし、「国防」のみではなく災害対策なども含む）。とりわけ、二〇一三年一二月に成立した改正研究開発力強化法の第二八条2に、「我が国及び国民の安全に係る研究開発等〔…〕を推進することの重要性に鑑み、これらに必要な資源の配分を行うものとする」とあることが根幹にある。総長の文言には、この含みがあるとみるべきである。

そして「デュアル・ユース（用途の両義性）」。「デュアル・ユース」とは

研究開発成果やその産物、技術が人類の平和や健康、経済発展などの平和利用に寄与する一方、意図的、あるいは意図しない破壊的行為につながる可能性のある利用により、ヒトや環境に重篤な影響を与える「両義性」のこと。[10]

だという。つまりある研究成果や開発技術が、平和的な利用にも寄与するが、破壊的行為にもつながりうる、という両面をもちうるということを指す言葉である。

平川氏が指摘しているのは、このデュアル・ユースをめぐる議論には、「用途の両義性」の危険性を押さえ込むための「規制」の動きと、「用途の両義性」をテコにして学術や経済、産業を活性化させようという「振興」の動きの両面があり、いま後者の勢いが増しているということである。

平川氏の指摘を読んで、あらためて東大情報理工学系研究科の改正ガイドラインを読むと、これが「規制」の側の文言として、「一応」（一応が重要、後述）できているということに気づく。なにしろこの文書は冒頭に、「この科学研究ガイドラインは、情報理工学系研究科に在

籍するすべての学生が、研究を始める前、入学（転入）時に読み理解すべきものです」とある。基本は学生向けの文書なのである。

すると『産経新聞』は、学生向けの研究科文書の改訂をことさらに取り上げて、「東大が軍事研究解禁」という方向に誘導しようとしたのだろうか。そういう面もありそうだが、もう少し調べてみると、この記事、およびこの騒ぎには、さらに一段裏の経緯がありそうである。

大学の軍事関連研究を解禁したい議員たち

改正研究開発力強化法に含まれる「国民の安心と安全」という語の含意を探ろうとして調べてみると、第一八五回国会　文部科学委員会（第七号、平成二五年一一月二九日）の議論が出て来た。同法の内容について論議をした委員会である。

柏倉祐司前衆議院議員（当時みんなの党、現民主党）の質問に、大塚拓衆議院議員（自民党）が答えている。柏倉議員が「国や国民の安全に係る研究」について、具体的にはどういうことを想定しているかと聞いたのに対し、大塚議員は次のように答えている。[11]

「国や国民の安全に係る研究と申しますのは、具体的には、安全で安心して暮らせる社会の形成、災害、貧困その他の人間の生存及び生活に対するさまざまな脅威の除去、国際社会の平和及び安全の確保並びに我が国の安全保障等に係る研究開発ということを想定いたしております。」

「無人情報収集機といったようなものがございます。これは極めて長時間にわたって滞空時間がある、こういう無人情報収集機」

「スーパー味覚・嗅覚センサーといったようなものも今開発がされているわけでございます。〔…〕バイオセンサーと申しますか、例えば、人間の舌とか鼻でにおいを感じるのと同じような形でのセンサーというものの開発」

「小型衛星が群を組んで監視をしていくようなシステムでございますとか、量子暗号のシステムでございますとか、あるいはバイオテロの物質の検知機のようなもの、こうしたものが国や国民の安全に係る研究あるいはハイリスク研究ということで資源配分がなされ、実現をした暁にはそれがスピンオフという形で民生用にも活用されていく、それによって社会、経済に非常に大きなインパクトがある」

軍事技術だよなぁ、と私は思うがどうだろう。もちろん「テロ対策」とか「自衛設備」とも呼ぼうと思えば呼べるだろうが、軍事技術というのが一番しっくりくる。柏倉議員は、この大塚議員の返答を受けて、次のように答える。

「今大塚先生おっしゃった、経済原理によらない、いわゆるリスクをとって、とにかくクリエーティビティーを駆使しておもしろいものをつくる、そういったところがインターネットであるとかGPSだとか、そういった開発につながっているということなんです。これは、DARPAという、アメリカの国防総省国防高等研究計画局というところで全部開発されているものだということを聞きました。」

「日本でも、日本版DARPA、ImPACT〔革新的研究開発推進プログラム〕というものを今後おつくりになる、これからつくられるということで、これは当然私も必要なことだと思います。スピンオフ、スピンオン、先ほど先生おっしゃった、やはりそういった双方向性の技術革新といいますかイノベーションがなくては、本当の意味での科学の底上げというのはできないんだと思います。」

先ほど、科学技術の「デュアル・ユース」の定義について確認した。それは科学研究の成果に、「用途の両義性」が現れてしまうということの危うさだった。ここで柏倉議員が述べていることは、似ているが非なるものである。彼の言う「双方向」というのは、軍事目的の研究開発が、民生用途へと「スピンオフ」するという構図である。

この議論の内容も私にとっては驚くようなものだったが、もう一つびっくりしたことがある。先の応答のあと柏倉議員は、一つの新聞記事を参考資料として出している。「ことし〔二〇一三年」の四月二十七日、もう与党さんの部会では随分話題になった」記事だというので、調べてみた。それは『産経新聞』が憲法改正のキャンペーンをしている記事で、「東大に巣くう軍事忌避[12]」というものだった。

この記事は東京大学の「軍事アレルギー」を問題視し、その矛先を、情報理工学系研究科の「科学研究ガイドライン」に向けている。今回の騒動の発端となった、あの文書である。『産経新聞』は書いている。「東大広報課によると、軍事研究の禁止を明文化したのは同科だけだが、「他の学部でも共通の理解だ」という」。

柏倉祐司前衆議院議員は、この記事をもち出してきて、二〇一四年一一月二九日の文部科学委員会で取り上げたのである。そして彼は主張する。「先ほど指摘させていただいたスピンオン、スピンオフの関係を築いていく、そして、科学技術を底上げしていくという意味で、この日本の最高学府である東京大学が、イデオロギーの範疇で科学というものをたがをはめて、ある一方のイデオロギーに寄与する研究は一切しない、これは極めて私はバランスを欠いている研究姿勢だなと思います」。

そして政府参考人として文部科学省研究振興局長（当時）の吉田大輔氏を呼ぶ。

（柏倉氏）「先ほど、資料では、東大広報課では、ほかの学部でも共通の理解だというふうにコメントしております。今の答弁では、一部の部局ではそういう理解があるということですが、では、そうでないところと、やはり平和利用に限った研究しかしないというところがあるということでよろしいんですか。」

（吉田氏）「東京大学全学にかかわるものとしては、東京大学憲章というものがございます。そこの中では、「東京大学は、研究が人類の平和と福祉の発展に資するべきものであることを認識し、」というくだりがございますけれども、明確に軍事研究については行わないというような定めがあるわけではございません。」

（柏倉氏）「憲章では明確に定めがあるわけはないわけでありまして、あくまでもこれは内規ですから、そういった内規が実在するのであれば、いやしくも日本の最高学府、これはもう学問の頂にある東京大学ですから、ぜひこれは詳細な調査をしていただいて、これは我々の税金が入っているところでもあります。学問の独立、自由というのは、私も研究者でしたからこれは認めるところでございます。しかし今は、これはもうスピンオフ、スピンオンのこういった科学の流れ、双方向性の研究体制はやはり避けては通れない。これはやはり国力に資する大問題でございますので、ぜひそこは明らかにしていただきたいと思います。」

文部科学省の幹部が答弁に立って、東大には「明確に軍事研究については行わないというような定めがあるわけではございません」と回答していることが確認できる。

いまこの国の国会議員には、積極的に軍事研究を解禁していこうと考えている人々がいるということを、大学関係者もそれ以外の人々も知っておいた方がいいだろう。平川氏がツイートで紹介していた「自民党政務調査会科学技術・イノベーション戦略調査会「わが国の研究開発力強化に関する提言(中間報告)」もその意味では一読する価値がある。[13]

デュアル・ユースと大学の自律性

上記の経緯を見ると、東京大学大学院情報理工学系研究科の学生向けガイドラインは、たまたまそれに気づいた記者が記事にしたというわけではないようである。東京大学の中でこの研究科だけが唯一、明示的に軍事目的の研究開発を禁止する内規をもっており、そしてそのことに従前から注意を払っている人々がいたようすだからである。

私は科学技術の専門家ではないし、デュアル・ユースの問題に詳しいわけではない。もちろん政治的駆け引きにも暗い。だが、一連のこの騒動について、一人の大学人として、恐ろしさと危機感を感じる。

東大総長の声明はタイトルと冒頭のかけ声はよかったが、末尾にいくにしたがって、その言明はどんどんとあいまいな――軍事関連の研究を否定しているような受け入れているような――という意味で「両義的な」――ものになってしまっている。そして現在の文部科学省は、軍事研究解禁の問題について大学を「守って」（＝解禁しない方向に、の意）はくれない。そのことは冒頭の文部科学大臣の発言と、二〇一三年の委員会の答弁を見ればわかる。むしろ文科省は、軍事技術開発から民生利用への「スピンオフ」的な振興策を後押しするだろう。

「デュアル・ユース」の問題は難しい。無人情報収集機はいらないが、バイオ・センサーや、量子暗号の研究には可能性があるだろう。私はそれらの研究を続けてよいと思う。これらはまさに「用途の両義性」をもつ。だから、難しい。世界中の科学者たちは、それゆえに必死で「デュアル・ユース」について議論している。

だが、その枠組みを外形的に借り、言葉尻を捉えて、日本の大学の軍事研究を「解禁」しようとする人々がいる。

この問題を、技術開発に携わる研究者だけの問題にしてはいけないと私は思う。大学に関わるものすべてが、大学の研究が外部的な圧力によってねじ曲げられていくことがないよう、それぞれの立場から注意を払っていかなければならない。

大学はいま、自分で自分の自律性を守るしかないのである。

1　「東京大学「軍事研究解禁」ガイドライン改訂で政治的圧力はあったのか」（日比嘉高研究室、二〇一五年一月一八日）http://hibi.hatenadiary.jp/entry/20150118/1421597524

2　「東大が軍事研究解禁　軍民両用技術研究容認　政府方針に理解」（産経ニュース、二〇一五年一月一六日）http://www.sankei.com/politics/news/150116/plt1501160003-n1.html

3　「東大大学院　軍事研究一定程度可能に」（NHK、二〇一五年一月一六日）http://www3.nhk.or.jp/news/html/20150116/t10014728731000.html

4　「下村博文文部科学大臣記者会見録（平成27年1月16日）」http://www.mext.go.jp/b_menu/daijin/detail/1354481.htm

5　「東大「軍事研究認めない」「解禁」の一部報道を否定」（朝日新聞デジタル、二〇一五年一月一六日）http://www.asahi.com/articles/ASH1J5QKRH1JUTIL02N.html

6　「東京大学における軍事研究の禁止について」（東京大学総長　濱田純一、二〇一五年一月一六日）http://www.u-tokyo.ac.jp/ja/news/notices/notices_3564.html

7　論理的にどう滅茶苦茶なのかは、安冨歩氏のブログが丁寧に「解析」している。http://anmintei.blog.fc2.com/blog-entry-1045.html

8　平川秀幸氏のツイート https://twitter.com/hirakawah/status/556100099219005440

9　平川秀幸氏のツイート https://twitter.com/hirakawah/status/555890133031849986

10　「ライフサイエンス研究の将来性ある発展のためのデュアルユース対策とそのガバナンス体制整備」（科学技術振興機構　研究開発戦略センター）http://www.jst.go.jp/crds/pdf/2012/SP/CRDS-FY2012-SP-02.pdf

11　第一八五回国会　文部科学委員会 第7号（平成二五年一一月二九日）http://www.shugiin.go.jp/internet/itdb_kaigiroku.nsf/html/kaigiroku/009618520131129007.htm

12　「東大に巣くう軍事忌避」（産経ニュース、二〇一三年四月二七日）http://sankei.jp.msn.com/politics/news/130427/plc1304 27113200007-n1.htm

13　「わが国の研究開発力強化に関する提言（中間報告）」（自由民主党政務調査会 科学技術・イノ

ベーション戦略調査会二〇一三年五月一四日）http://www8.cao.go.jp/cstp/gaiyo/kenkyu/1kai/siryo2-2.pdf

第9章

教室が「戦場」になった日？

新聞による大学授業への介入を考える

『産経新聞』による広島大学の授業攻撃

この事件が報道されたとき、私はとても嫌な気分になり、同時に正直に言って怖いとも思った。その後いろいろネット上の言葉を見ていて、さらに怖いという気持ちは増した。

けれど、これが現在の日本の「教室」をめぐる状況なのだ。「教室が「戦場」になった日」というのはかなり扇情的なタイトルで、大げさな、とか、何をいまさら、という声も聞こえそうだが、このニュースを読んだときの偽らざる私の実感だった。いま日本の教室で授業を担当する者の一人として、その目線から考えたことを書き留めておく。

『産経新聞』が「講義で「日本の蛮行」訴える韓国映画上映　広島大准教授の一方的「性奴隷」主張に学生から批判」という記事を二〇一四年五月二一日に配信した。授業を聞いていた学生が、新聞社に訴えたらしい。『産経新聞』はこれをもとに、河野談話の問題点を説明しなかった、映画が終わるとすぐに講義を切り上げた、強制連行の証言だけを示し学生には議論の余地を与えなかった、と批判した。

この記事は意外に周到で、授業や教員への批判は、男子学生による感想や発言、報告の形で書いている。『産経新聞』が主語となった講義内容への批判は、さほどない。学生の言葉を借りて、批判を行い、問題点を指摘する形になっている。（むろん、記事全体としては強い批判のメッセージになっていることは言うまでもない）

案の定、ネット上では教員の実名が曝され、研究室などの連絡先があちこちに転載され、過去の講演やイベントへ出た時の記録や写真が引っぱり出され、シラバスから講義のレジュメとされるものまでが出回っている。

研究者は表立って活動すればするほど（それが仕事なわけだが）、その研究者に関わって、ネット上で入手可能な情報は蓄積していく。実名や顔写真が出ていて、連絡先が明示されているのは当然。シラバスも現在はほとんどの大学が公開している。

だからその研究者にまつわる情報が入手できるのは当たり前で、自分が過去に発言したり書いたりしたものが、引き出されてあれこれ検討されることにも堪えねばならない。公の場で発言したり書いたりするというのはそういうことだから。

けれども、自分が書いたものが部分的に切り抜きされ、特定の部分だけにアンダーラインを引かれ、ほらここでこいつはこんなことを言っている、けしからん、ふざけんな、ばかか、など罵られ、嘲られることは、嫌な気分だし、恐ろしくもある。

発言や書き物には、場の文脈やタイミングや応答関係がある。人は、その中で、しゃべり、書く。だからそれがどういう場で、どのような論理立てのなかで話されたのか／書かれたのかを、しっかり理解してほしい。それなしに、切り出されてあれこれ言われるのは、かなわない。

どのような授業だったのか

この事件に戻れば、授業は一般教養向けのオムニバスの授業。受講者は二〇〇人ぐらいだったようだ。それがこの授業のコンテクストだ。シラバスによれば、授業科目名は「演劇と映画」で、「日本・アジア・欧米の演劇と映画について講義」が行われ、「多様な文化を多角的な視点から学ぶことができ」るとされている。攻撃対象になってしまった教員の担当回は「朝鮮の映画を見る」となっている。

外形的にみる限り、ここで韓国のドキュメンタリー映画「終わらない戦争」を上映することには、まったく何の問題もない。もちろん、これが「シュリ」であったとしても、あるいは「冬のソナタ」(映画ではないが)であったとしても、問題はない。

一点気になったのは、『産経新聞』の記事によれば、この授業が上映の後すぐに終わってしまったということだ。これが事実だとしたら、授業の運用としてはまずかったと私は思う。この講義に、次の回があればよかった。あるいはコメント・シートが配布＋回収されていれば、と思う(されていたのかもしれない)。

けれど、この授業はオムニバスで、残念ながらこの教員の授業は、この一回限りだった。

一般教養の授業は、教員にとってやりやすい授業ではない。大教室で、毎年受講者が変わり、自分とは接点のない学生がほとんどである。私は非常勤からカウントすると、大学で教え始めて一五年ぐらいになるけれど、いまだに、一般教養の授業は他のそれよりも緊張する。私より一世代ぐらい上の先生と雑談していた時に、その人もそう言っていたから、これは私だけではないし、一定の年数以上経つと慣れてなんとかなる、ということでもないようだ。

二〇〇人の前で話すのは、かなりエネルギーがいる。二〇〇対一で話すのだから当たり前だ。しかも、オムニバスだとしたら、そこに座っている学生たちは、ほとんどがよく知らない学生たちである。

授業もコミュニケーションである

知らない人間と話すのは、緊張するし、お互い相手がなにものかわからないから、労力がいるし、場合によっては疑心暗鬼にもなる。距離も遠い。自分が学生だった時のことを思い起こしてみると、教養科目の先生たちは遠かった。心理的距離も遠かったし、物理的距離も遠かった。

私は友人たちと教養の先生たちの噂話をする時は、「先生」なしの呼び捨てにしていた。その人がどんな人なのかよくわからず――その人（たち）は、階段教室のずっと下の方で、マイクで一人で話し続けていた――、その学問がどういう学問なのかもわからず、九〇分聞いて観察して、それだけが接点だった。

講義の内容に反応したこともある。雑談に反応したこともある（寿司をめぐる笑い話が持ちネタの先生は一学期の間に三回その話をした。ちょっとお年だった）。服装に着目し（スーパーのビニール袋で授業の用意を持ってくる先生もいた）、話し方を真似し（口癖をカウントするとか）、そして最終的には単位を（楽に）くれるかどうかが関心の的だった。

一方、専門科目に上がってからの先生たちは違った。毎週顔を合わせ、講義と演習を複数回取り、一緒にお酒を飲みに行った。その先生たちを呼び捨てにすることは、ありえなかった（影で愛称で呼ぶことはあったが、秘密）。

どちらの先生がいいとか、悪いとかいうことではない。大学がもっているカリキュラム体系が、教員と学生の間の関係を規定してしまう。

これは想像だが、広島大学のこの先生とこの学生は、この授業の他に接触らしい接触はほとんどなかった。学生は、自分の考え方とは異なるこの先生の授業に腹を立て、許しがたく思い、同じ意見をもっているであろう大手メディアに直接訴えた。先生をも、大学をも飛ばして。先生は遠かったし、訴えることのできる大学の窓口も、よくわからなかったのだろう。

先生は個人的に話ができるような関係ではなく、専門知識において自分を圧倒しているに決まっており、そもそも抗議したら単位がもらえないかもしれない（普通のまともな教員は、絶対にそんなことをしないのだが。抗議に来た学生がいたとしたら、むしろその学生の成績付けは慎重になるのが普通)。よほどの議論好きで勝ち気な学生で無い限り、一回限り出会った教養の先生に、文句を言いに行ったりはしない。

おそらく大学的には、学生が授業について訴え出る(教員以外の)最初の窓口といえば教務課担当窓口が「正解」だろうが、学部学生にとっての教務課は単位や成績がらみの手続きのために行くところであって、窓口で抗議するところではない。そして、学生と事務窓口担当者との関係は、いつも良いとはかぎらない。

中間を飛ばすということ

ここへ来てこの問題は、大学の学生だけの問題ではなく、私たちの社会一般の雰囲気の問題かもしれないと気づく。私の友人で、大手食品流通会社に勤めている人間がいる。彼が店長をやっていた時代に話してくれたエピソードを、私はよく覚えている。

最近は、顧客からのクレームが、当該の売場を飛ばし、店長ならびに店舗を飛ばして、本社に行くという。店員たちは、問題が起こっていることを、本社からの問い合わせで知る。「言うなら、店に言ってくれよ、それで済むんだから」と、その男はこぼしていた。同情に堪えない。

ただ一方で、店を飛ばした客の気持ちもわかる。

店で抗議すると、面と向かって抗議しなければいけない。人と人との、顔を突き合わせた話し合いをしなければならない。相手がどんな人間なのか、わかったものではない。下手をしたら、もうその店には行けなくなる。しかも、抗議をした結果、事態が改善されるかどうか不明である。うやむやにもみ消されるかもしれない。だったら、電話一本で、クレーム担当に言う。顔を見ることもないし、電話の向こうの担当者は良く訓練されていて、決して怒らず、下手《したて》に出る。対応が実際にされるかどうかまではわからないが、店でうやむやになるよりはマシである。本部により近いチャンネルになっているであろうから。

抗議をするなら、事態を改善したいなら、できるだけ有効な手立てを取りたい。当たり前だ。そして抗議をする時には、できれば自分は安全なところにいたい。これも、やはり当たり前の気持ちといわざるをえない。

そしてトラブルは当事者の頭上をすり抜け、中間を飛ばし、「上部」へ送られ、そしてある日突然、大規模な問題となって当事者の身の上に降りかかる。

怖いことだ。だが恐怖の感情はさておいて、この中間を飛ばす、というあり方が問題だと私は思う。

日本科学者会議広島支部幹事会が『産経新聞』のこの報道について、「『産経新聞』報道を契機とする言論への圧力を許さず、学問の自由を守ろう」という声明を出した。[1]

映画の上映は「演劇と映画」を論じるこの授業の素材として妥当であり、それをどう判断するかは学生にまかせるべきである。仮に学生が異論を唱えたとしても、それは学生と教員との間の相互理解にゆだねるのが正当な対処であって、外部の報道機関が介入するべきではない。

そもそも、学問の自由は日本国憲法が保障する基本的人権のひとつであり、大学の授業で教員は、自身の学問的信念に基づいて教育研究を行う自由をもつ。もちろん、その教育研究に対して学生が異議を唱えることも当然の権利であり、教員はその異議を受け止め、相互理解を深めることによって、学問の府である大学の教育研究が深化する。よしんば、学生が大学の講義内容への告発を報道機関に行った場合でも、当該報道機関はそれを大学内部における教員と学生の対話によって解決するように対処するべきであり、〔…〕また、公正な報道をもって社会の木鐸の機能を果たすべき新聞が、学生の1通の投書をもとに、特定の教員の講義内容を攻撃することは、学問の自由への侵害であるとともに、著しく公正を欠くものである。

私は、この声明のこの主張に同意する。素材に問題はなかったし、それもとに教員と学生は（が）議論すべきだったし、外部の報道機関が介入するべきことではない。そして研究者は、「自身の学問的信念に基づいて教育研究を行う自由をも」っている。この独立性が、学問にとって、大学によって、もっとも重要な自由であり自律性だ。それは研究者がしたいことをすればいいということではない。政治、経済、外交、歴史、あらゆる外部的な問題に最終的に——無関係でいることはできない——屈することなく、自律的に考えて発言できることが、学問の価値であり大学の価値だ。

国立大学だから、国民の税金を使っているのだから、「国」の、「国民」の意見に従え、という、時に見かける意見は、この点で根本的に間違っている。学問の自由は、ただ学問の進歩のためだけに在るのではない。それは私たちが生きる社会の許容度を広げるためにあり、より豊かで多様に考えられるようになるためにあり、偏向した価値観によって社会が窒息してしまわないためにもあるからだ。

ただ一方で、この声明にあったナチス云々のところで、私は少し考え込まざるを得なかった。

かつてドイツでは、政権獲得前のナチス党が、その青年組織に告発させる形で意に沿わない学説をもつ大学教授をつるし上げさせ、言論を萎縮させていった歴史がある。その忌まわしい歴史を彷彿とさせる本件にたいして、われわれが拱手傍観しているようなことがあれば、特定の政治的主張をもつ報道機関がその意に沿わない講義のひとつひとつを論評し、特定の政治的主張をもつ外部のものが大学教育に介入してくるきっかけを与えることになる。

言っていることはその通りだ。このナチスの所行について私は詳しくないが、そうだったのだとすれば、似ていなくもないとは思う。

けれど、私が立ち止まったのは、この物言いでいいのだろうか――ということだった。相手をナチスに比して、学問の自律性を主張する。繰り返すが、学問の自律性云々の主張は正しい、けれど、いま私たちの社会で、こういうナチスを引っぱり出しての物言いは説得力をもつのだろうか、ということだ。

これは先程の、中間が飛ばされる、というあり方の問題でもある。広島大学の教室から、一気にナチス・ドイツに飛ぶことは、私には、「中間がない」というその一点において――たった一点だが大切な一点において――、『産経新聞』の記事のあり方と似通ってしまっていると思う。

私は「中間がない」ということうした論理構成は、政治的メッセージとして過激になりやすく、実際の人々の生活の水準から遊離しがちで、したがって大多数の人にメッセージが届かない、という点において、危険でありそしてかつ有効ではないと感じる。

『産経新聞』に訴えた学生のようなタイプは、私が想像するに二〇〇人のうち一～三人ぐらいだろう。そして同じように、この日本科学者会議広島支部幹事会のナチス云々に同調できる学生も、同じぐらいの割合だと思う。

私は今回の事件はとても大事だし、大学の、ひいては現在の日本の教育機関の教室に身を置く人間として、放っておけないと思っている。だからこそ私は、この問題の大事さが、二〇〇人の「両端」にいる数人にではなく、残りの一九〇人強に届く言葉で語られて欲しいと願っている。

しかし、いったいどういう言葉で？　その迷いが、いま私にこうした形で、長々とこんなことを書かせている。言葉を広く届けたいし、その言葉には効力をもたせたい。多くの人に届けたい。そのためには、ナチスがどうこうではなく、二〇一四年の大学の、そしてその他の多くの学校の教室の、話をしなければいけないのではないか、と私は思った。

「教室」はいま狙われている

学校や教科書や図書館が、排外的で国粋主義的な勢力の標的になっていることは、最近さまざまなニュースで目にするようになった。

いま、この動きは私の身近な教室にまでやってきた。私の研究室から講義棟まで、たった数十メートルか、百メートルぐらいしかない。そこは私の日常空間だった。研究室で仕事をして、授業の準備をして、印刷をして、鞄をぶら下げて、ふらりと教室に入る。そこは同じ大学のキャンパスで、座っている学生たちの所属も同じはずだった。

けれど、そうした一体感や安心感は、実に容易に損なわれるようになってしまっているのかもしれない。数十メートルの間に魔物が潜むようになったのか。教室にならんだ机の下に怪物が棲むようになったのか。大手メディアの一部は、自からの政治的主張に合致するたった一人の学生の訴えをとりあげてまでも、教室を政治的闘争の場に置き直そうとしはじめた。

大手メディアだけではない。学生たちの手にはツイッターやＬＩＮＥといったＳＮＳにつながる端末が握られている。教員の授業は、配付資料も含めて、そのようすがいつ大学外に流れ出てもおかしくない時代になった。

監視の目が内外に張り巡らされ、学校と教員はその監視の目を内面化しておびえ、そして次には自主検閲の波が襲いかかる。憂鬱なことだ。

けれど、怖がりすぎなくてもいいし、そうする必要もないと同時に思う。学生たちは賢いし、まっとうであると私は大まじめに信じている。学生を他者化してはならない。彼らはモンスターではない。逆も同じだ。教員を他者化してはいけない。彼らも人間だ。教室に座る人間一人一人の顔を見ること。教卓の向こうで話すその人物の、人間を見ること。

たしかにトラブルが勃発する可能性は増えた。教員は緊張を強いられる。けれど、一部の学生の一部の行動が起こした出来事を、突出させ、全面化して考えるべきではない。

『産経新聞』に訴え出た学生の違和感は、私は単純に否定されるべきものではないと思う。記事を読む限り、学生の理解には問題があるし、私は同調できない。しかし、そのまま否定し去ったら、授業はそこで終わる。この学生の異見を、教員はすくい上げることができなかった。すくい上げることができれば、今回のトラブルはおそらく起きなかったし、授業もより突っ込んだものになり、彼も、そして教室に座っていた他の一九九人も、そして教員自身も得るものがより多かっただろう。

――オムニバスの九〇分一回限りの授業で、しかも映画を見せて、それをしろというのは、実際とてももとても難しい要求なのだが……。

ベタな実地主義かもしれない。けれど、「教室」が実地主義でなくて、どうする。教室における実地レベルでの地を這う努力の積み重ねは、中間を飛ばす暴力的な議論に対抗できる。教室は人を育てるからだ。

教室は育ちの場だ。教員は種をまく。種は発芽したりしなかったりする。種は小さいが、そこから育った芽は、勝手に周囲から栄養を吸って大きく育つ。教員もまた、それを見て育つ。

教室を「戦場」にしてはならない

私は教室が「戦場」になったと煽ったが、ここでそれを否定する。教室を「戦場」にしてはいけない。そこは対話と思考が生まれる場だ。異なる意見、異なる立場、異なる生まれ、異なる育ちのものが顔を合わせるからこそ、価値があり、面白い。

私はこの広島大学の先生とは面識がない。けれど、この先生を支えたい。教室を「戦場」にしようとする人々の手によって、この先生の授業が妨げられるようなことはあってはならないし、ましては処罰を受けたり、大学を去ったりするようなことがあってはならない。がんばれ、先生。負けるな。

広島大学にも、そして似たような事件に今後巻き込まれてしまうかもしれない他の大学にも、負けて欲しくない。先生を、そして学生を、守って欲しい。負けることが引き起こす、教員にとっての、大学にとっての、そして現在の、未来の学生たちにとっての損失を、よくよく考えて欲しい。

その学生にも、一度先生の部屋に行ってみることを勧める。研究室が圧迫を感じるなら、学食でご飯を一緒に食べたりしてもいい。二〇〇人の頭越しに見た小さな人影と、間近でみるその先生の表情は違うはずだ。二〇〇人に向けてマイクで話す声と、テーブルの向こうで話しかけてくる先生の声も、違うはずだ。そこで君は、授業よりも、新聞よりも、ネットよりも濃い情報と濃い情念に接することができる。そういう人間が、身近なところにゴロゴロいるのが、大学という空間だ。

ドアを、ノックしてみよう。扉はきっと開いている。

1 「『産経新聞』報道を契機とする言論への圧力を許さず、学問の自由を守ろう」（日本科学者会議広島支部幹事会、二〇一四年五月二三日）http://www.jsa.gr.jp/03statement/20140523hiroshima.pdf

第10章

なぜ『はだしのゲン』を閲覧制限していけないのか？

二〇一三年八月に、島根県松江市立の小中学校の図書館で、マンガ『はだしのゲン』に閲覧制限がかかっていることが明らかになり、騒ぎになった。この問題は同市の教育委員会が制限の指示を撤回することで決着を見た。この章は、この問題が起こった際に書いた記事をもとにしている。

「図書館の自由に関する宣言」

「図書館の自由に関する宣言」という文章があることをご存じだろうか。一九五四年に、日本図書館協会が決議採択したものである。骨子となる主張は、次のようなことだ。《すべての国民は、いつでもその必要とする資料を入手し利用する権利がある。この権利を保障することは、知る自由を保障することである。図書館は、このことに責任を負う機関である。》全文はインターネットでも閲覧できる。[1]

どうして図書館は、知る自由を守らなければならないのだろうか。それは、知る自由が考える自由、発言する自由と結びついているからである。あるものごとが正しいのかどうか、判断するためには、材料が必要である。自分の目で見、自分の頭で考え、自分の口で発言するためには、そうした活動を支える情報が必要である。

図書館に置かれたある資料が「閲覧制限」されるということは、私たちのもつ知る自由、考える自由、発言する自由が制限されてしまうということだ。大切なのは、判断する機会そのものが奪われてしまう、ということだ。そこで書かれていることが正しいのかどうか、適切なのかどうか、議論をする土台そのものが奪われる、ということだ。

「図書館の自由に関する宣言」のなかには、次のような一文も含まれる。

わが国においては、図書館が国民の知る自由を保障するのではなく、国民に対する「思想善導」の機関として、国民の知る自由を妨げる役割さえ果たした歴史的事実があることを忘れてはならない。図書館は、この反省の上に、国民の知る自由を守り、ひろげていく責任を果たすことが必要である。

また次のようにも言う。

図書館は、正当な理由がないかぎり、ある種の資料を特別扱いしたり、資料の内容に手を加えたり、書架から撤去したり、廃棄したりはしない。

『はだしのゲン』の問題は、小さなことのように思えるが、挑戦されているのは、私たちが自然なものとして享受している「自由」である。松江市の小中学校図書室において、制限が続行されてしまうことは小さな事件かもしれないが、これが「ふつう」になってしまう社会は、とても危険な社会であることを、私たちは自分に言い聞かせなければならない。この場合、年齢は関係ない。子供たちにでさえ、いや子供たちにとってこそ、「図書館の自由」は必要だからである。

図書館で本に出会うこと。それは求めていた出会いかもしれないし、偶然の出会いかもしれない。しかし、本に図書館で出会えること――気軽に、障壁なく、誰でも、自由に――が、どれだけ私たちの心や、社会を豊かにするだろうか。

その表現が気に入らないのならば、読んだ上で非難すればいい。その表現が大切だと思うならば、読んだ上で守ればいい。そしてその議論を聞く人たちも、読んだ上でどちらの意見が正しいか判断すればいい。読めないことは、そうした議論の健全な土台を、掘り崩す。「図書館の自由」は、いつでも、いくどでも、守られねばならない。

子供のための本という問題

以上が原則である。だが、この問題が簡単ではないのが、読者が子供であるということである。子供には発達段階がある。

子供たちの利用する図書館である学校図書館には「全国学校図書館協議会図書選定基準」というものがあって、選書の基準を示している。発達段階のことは、この中の「2 表現」に「(1)児童生徒の発達段階に即しているか」という文言として出てくる。私に専門的な知識はないが、本の選択に関わる場面で、児童生徒の「発達段階」をどう定義し、どう判断するかはとても難しいだろうと思う。

『はだしのゲン』は、よく知られるように、絵柄としてもストーリーとしてもところどころに目を背けたくなるような悲惨な場面が存在する。原爆が、筆舌に尽くしがたい恐ろしい現実としてあったのだから当然であり、それを直視して描いたからこそ、この作品の価値がある。だが、私自身、小学生だったときに『はだしのゲン』を読んだ時の衝撃は忘れない。それはまさに後味の悪い、尾を引く、恐ろしい読書経験だった。私はその当時から読んだことを後悔したわけでもなかったし、今振り返ってもその経験は重要だったと思う。だから、私は私の子供が読みたいと言ったのなら、彼が小学校低学年だろうが中学年だろうが、読ませるだろう。

一方、私のようには考えない親たちがいることも、私にはわかる。子供が幼いうちには無理にトラウマチックな経験になりうるような読書をさせたくない、と考える親がいても不思議ではない。このような考えをもつ親たちに対し、「図書館の自由」を根拠にして、自由に読めばいいではないかと言い立てても、説得することはできないだろう。

そして考慮に入れなければならないのは、現在の学校現場――学校現場だけではないが――を覆う、危ないことやトラブルの元は避けようという自粛、自主規制の雰囲気である。困難なのは、「図書館の自由」を守ろうとする側が、ここでは政治的な企図をもった勢力――『はだしのゲン』はその過激さが問題とされたのではなく、その中に歴史的に誤った描写がある、思想的に偏向していると主張する人々の意を受けて閲覧制限されたのだった――だけではなく、子供を守ろうと考える親たちに対しても、説得の論陣を張らねばならないということである。

強硬な原則論は、説得どころか相手の態度を硬化させるだけだろう。必要なのは柔軟さかもしれない。説得の柔軟さであり、また閲覧の柔軟さである。見せる、見せないを必ずしもはっきり白黒付ける必要はない、と私は思う。「発達段階」は、個人差がある。そして発達の程度や、その子のリテラシー、関心、強さ弱さは、現場で個々の子供たちに向き合っている担任や司書教諭たちが、肌身で感じているところだろう。

わかりやすい、説明可能なルールを作ることは、管理運営側にとっては安心なことかもしれない。外向きの説明もしやすい。だが、子供の発達や読書の体験は、簡単に線引きできるものではない。ゆるやかさも、ときには重要である。

1　「図書館の自由に関する宣言」http://www.jla.or.jp/portals/0/html/ziyuu.htm

第11章
遊びの世界、仕事の世界

「仕事」という目隠し

幼児にとっては、すべてが「遊び」になりうる。ミニカーを走らせることも、風呂に湯を張ることも、箒とチリトリを使うことも、スマートフォンを耳に当てることも、マイクを所持して歌唱することも、使った皿を食洗機内に置くことも、すべて「遊び」につながる。

別の言い方をすると、仕事がない、というのが子供の世界である。仕事がない彼らの世界には、娯楽も息抜きもない。したがって、すべてが楽しみの行為としてある。大人の目には、それがすべて「遊び」の世界に見える。

遊ぶ子供の姿を見ていると、当然我が身を振り返る。すべてが「遊び」になりうる彼らの世界に比べて、私たち大人の生きる世界が、なんときっぱりと仕事と余暇に切り分けられていることか。「ワーク・ライフ・バランス」という寂しい言葉も最近耳にする。その趣旨はわからなくはないし、仕事以外の人生を充実させたいという希望は、もちろん私ももっている。だが、この発想は、仕事と仕事以外を分けて考えるという考え方が根本になっている。けれど、本当にそれで正しいのだろうか。働き始めて十数年が経ち、さまざまな経験をするなかで、私は最近「仕事」と「遊び」の区分のことをしばしば考える。「仕事」と「遊び」は対立的なものではない。むしろ、「遊び」こそがすべての私たちの活動の源にあるのであって、「仕事」はその上に目隠しのように被さっているだけではないのか。遊ぶ子供を見ながら、私は考える。

遊戯は文化よりも古い

ホイジンガという歴史家がいる。いくつか世界的に有名な著作を書いているが、その一つ『ホモ・ルーデンス』(「遊戯人」と訳されている)の冒頭で、彼は「遊戯は文化よりも古い」と言っていた。[1]

ホイジンガは、遊戯というのは人間の文化の一部なのではなくて、「文化そのものの以前にすでに存在し、〔…〕ずっと文化に伴い、文化に浸透し続けてきた一つの既定量」(一六頁)なのだと主張した。つまり簡単に言うと、遊戯は動物だってするし、さまざまな民族の古い習慣に見られる。文化が作りだされる以前に遊戯は存在し、文化の発展は部分的には遊戯それ自体に基礎をおいてなされてきた、というのである。

この本の中で、ホイジンガは、

すべての研究者が力点を置いているのは、遊戯は利害関係を離れたものである、という性格である。〈日常生活〉とは別のあるものとして、遊戯は必要や欲望の直接的満足という過程の外にある。いや、それはこの欲望の過程を一時的に中断する。(二一四頁)

とも言っている。「遊び」が、日常的な利害関係とは離れていて、普段の生活上での必要性とか、欲求とは切り離されたところにある、というのは基本的だけれど大切な指摘だと思う。だからこそ、我々は大人になってさえ「遊ぶ」のであろう。

〈アソビ〉という知恵

「遊び」は、人間の知恵であり、処世術であり、おそらく動物的な本能でさえあるに違いない。

「遊び」は人間の活動の多くの場面において、その相を見いだすことができる。仕事、勉強、家事、人付き合い、儀礼、などなど、人間が行う諸事に「遊び」の面を見て取ることは難しくない。

このことは、日本語の〈アソビ〉という言葉がもっている意味のことを考えると、わかりやすいかもしれない。〈アソビ〉には、「ゆとり」「余裕」「すきま」という意味がある。ハンドルやドアの〈アソビ〉とか、合間の時間のことを「あそびの時間」といったり、たるんだ部分のことを〈アソビ〉といったり、作品や芸の余裕のことも〈アソビ〉と呼んだりする。

私たちの行うさまざまな行為には、多くの場合、この意味での〈アソビ〉がありうる。厳粛なものごとや、まじめな行いにおいてでも、私たちはその切れ目切れ目に〈アソビ〉を入れたり、あるいは〈アソビ〉の側面を見いだそうとしたりする。

〈アソビ〉という言葉の意味から、「遊び」が私たちの生の中でもちうる働きを確認することができる。「遊び」には、息苦しいものごとを、ゆるやかにする力がある。この「遊び」の力を、私たちはもっと見直すべきだ。

有給の仕事、無給の仕事

大学の教員の仕事は多様である。私の場合、給料は勤務校から出ている。そこで教育、研究、組織管理の仕事をするのは当然である。ただし、教育、研究については、業務範囲がはなはだ不明確である。担当すべき授業のノルマは決まっている。だが、それ以外に膨大な学生指導や授業準備時間が存在する。授業をしている時間より、授業時間以外の「教育業務」時間の方が圧倒的に多い。

研究活動についていえば、なおさらそうである。勤務時間は決まっておらず、成果についての縛りもない。すべては裁量である。あえていえば、研究時間ゼロでも、しかられないし、クビにならない。では研究者たちは、ゼロにするかといえばそうならない。むしろ、誰にも要求されないのに、お金にも換算されないのに、長時間、研究に従事する。

その他いろいろあるが、たとえば学会の業務。ある秋、私は勤務校とはまったく関係のない三つの雑誌の査読(論文の掲載可否を決める審査)の締め切りが重なった。泣きそうになりながら、やった。無給。学会の評議員、編集委員、研究会の開催、勉強会、仲間と創刊した新しい雑誌の編集作業……、これらも無給である。

私は自問する。なぜこんな金にならないことをやっているのか。

楽しみにつながっているからだ、としか答えようがない。「遊び」の世界が、仕事の向こうに広がっているからである。

もちろん、すべてが楽しいわけではない。査読なんてめんどくさい。会議も出たくない。大小さまざまなトラブルは日常茶飯事だ。だが、続けている。面白いから。

事典項目の執筆、悪名高き……

この面白さを、お金に換算した瞬間に、面白くなくなることに以前から気づいていた。私たちの業界の中で悪名高き仕事に「事典の項目執筆」というのがある。『夏目漱石事典』みたいな(現在進行中の某事典を名指しているわけではありません)事典の、項目を書くのである。非常にめんどくさい。間違っていたら大問題。調査に膨大な時間がかかる。そしてその上、原稿料が安い。文字数が少ないから。本もあまり売れないから。

仕事量と報酬額とのバランスだけを考えたら、もう本当にお話にならない。それでもこの仕事を研究者がおおむね引き受けるのは、義務感とお付き合い(＝依頼者との貸借関係)と知的好奇心からである。

原稿料のことを考えれば考えるほどやる気が減退し、おつきあいだと思うとため息だけが募る。が、原稿料と貸借関係を度外視したとたん、調べ物は研究の世界の楽しみの一環に変わる。

大学の教員の仕事に例を取ったが、世のさまざまな職種で、同様のことは多少なりとも言えないだろうか。私は、これまでの人生の中でさまざまな仕事をする人に出会い、お世話になり、助けてもらってきたが、仕事を楽しんでいたり、熱心にやっていたりする人には、どこか「採算」や「損得勘定」を離れた部分があったように思う。そしてそういう人と付き合うのは、とても気持ちのいいことだった。

すべてをお金に換算するのか?

以前、ある同級生と十数年ぶりに再会して、二人でお酒を飲んだことがある。バンド仲間だった。再会したとき彼は、中小企業向けのコンサルタントのようなことをしていた。相変わらず人のいい男だったが、彼はすべてを金銭に変換した。私は彼に、私がいまどういう研究をしているのかを話したのだが、彼はそれを聞いて、それがどういうふうにしたらお金になるのかということを教えてくれた。彼は私を褒めているのだし、評価してくれているのだった。だが私はその彼の考え方が気にくわず、酒のせいもあってムキになってその価値観を否定しようとしたことを覚えている。

当然、議論は平行線をたどり、焼き鳥の串だけが積み上がった。喧嘩したわけではないので、和やかに別れた。彼のことはいまでも好きである。だが、そういう価値観に生きる人がいて、かつての友達がそうなっていることは、後々まで私の心に影を投げている。

報酬は視野を狭くする

最近TEDというプレゼンテーション会議の、ある有名な動画を見た。米国のビジネス書の著名著述家、ダニエル・ピンク氏による「やる気に関する驚きの科学」と題されたものだった。[2] 簡単に要約すると、頭の柔軟性が要求される仕事に対して、金銭的対価で釣ってもむしろ逆効果にしかならない、ということである。単純労働に対してなら、アメとムチは効くそうだ。しかし、創造的な働きが必要な仕事においては、成功報酬はインセンティブにならないという。

余談だが、国立大学法人にも「年俸制」の波が忍び寄っている。年俸制は、業績評価と一体である。たくさん仕事した人の給料が上がる。だが、このビデオ・クリップでピンク氏が述べているように、成功報酬によるアメとムチはうまく機能しない。

むろん官僚も、そのあたりのことは知った上で押しつけてきているのだろう。年俸制は、予算削減と親和的であるから。

「仕事」を、「報酬」を、解除する

脱線した。話を戻せば、「仕事」や「金銭的報酬」を、私たちの人生の尺度にすることは、よした方がいい。

お金の機能には三つあると聞く。モノと交換できるという機能、富を蓄積できるという機能、そしてものごとの価値を計る機能。お金が大切であることは否定しようがないが、お金があまりに力を振るいすぎているということも、また否定できまい。とくに、最後の機能、ものごとの価値を計る機能は、問題が多いと私は感じる。

仕事の機能も、また強い。仕事は私たちに生活の糧を運んできてくれるが、それだけではない。仕事は、人のアイデンティティと結びついているし、人の価値を計る尺度にさえなる。もちろん仕事は人の居場所を作りだすし、人生の充実感ももたらす。悪い面ばかりではない。仕事は大事である。だが「仕事」が幅をきかせすぎている、ということもまた事実だ。

私は「遊び」の意義を見直したいが、それと連動して「仕事」というものの意味も考え直したい。

私たちは、私たちが「仕事」と呼んでいるもののすべてが、ほんとうに仕事の本来的な機能なのだろうか？　私たちが「仕事」だと思っているもののうちのいくらかは、本来「遊び」の領域に属するものなのではないか？　「仕事」はそれが元来そのようなものである顔をして、私たちの「遊び」を覆ってしまっているのではないか？

かつて、貨幣は言語のようなものであると議論されたことがある。ポストモダンの時代だ。言語に覆われた世界に生きると、言語のない世界のことは不可知なものとなる。我々は言語なしに思考することはできないから。類推的に言うが、我々はお金や「仕事」に覆われた世界に生きてしまっており、それらによって多くのものをそれら以外の相において考えられなくなってしまってはいないか。

「仕事」と「お金」による覆い《マスキング》を外してみてはどうだろう。私たちは子供の世界には戻れないが、彼らの「遊び」の世界を起点に、私たちの思考と生活をがんじがらめにしてしまっている「仕事」の桎梏を、解除することができるのではないか。

遊びをせんとや

『梁塵秘抄』に入っている有名な今様に、次の歌がある。

遊びをせんとや生まれけむ

戯《たはぶ》れせんとや生まれけん
遊ぶ子どもの声聞けば
我が身さへこそ揺るがるれ

遊女の身を嘆いた歌という解釈もあるらしいが、子供のようすを歌った歌として解釈されることが多いだろう。「遊ぶために生まれてきたのだろうか。戯れするために生まれてきたんだろうか。遊ぶ子供の声を聞くと、我が身までもが動き出すようだ」というのが、この歌の意だろう。一二世紀の昔から、子供は遊ぶものとして見られてきた。

私はこの歌の最後の箇所が、興味深いと思う。「わが身さへこそ揺るがるれ」。どうして遊ぶ子供の姿を見ると、私たちの「身」までもが共振するのだろう。それは大人である私たちもまた、いまなお、「遊び」という人間にとっての本来的な世界のなかに生きているからではないのか。

「仕事」の覆いを解除せよ。「報酬」を度外視せよ。それらは私たちの視野を狭め、楽しみを奪い、「遊び」の世界の豊かさから、遠ざける。

「遊び」の世界に遊ぼう。「遊び」は私たちの、余裕を回復し、利害から離れさせ、自由を取り戻させる。創造性は、そこから立ち上がる。

そして「遊び」を取り戻すことは難しいことではない。なぜなら、私たちはみな元来ホモ・ルーデンスなのだから。

［補遺］

「遊び」の意義を強調する私の考えに対して、「それはある程度の経済的保証がされていての話でしょう」という批判があるかもしれないということは、気にかかっていた。私たちの実際の生活感覚として、そのとおりだからである。「遊び」が人の「仕事」の基層にあるという図式は、幅広く妥当するはずだと思うが、それを前面に出すことが、別の問題を引き起こしかねないという危惧は、もっともなものだと思う。

とくに大学に関しては、非常勤講師や任期付き雇用の問題が、該当する。「それはあなたが（私が）、好きでやっていることでしょう（なのだから）」という形で、金銭的社会的保証の責任の所在があいまいにされてしまうとしたら、それはまさに搾取としかいいようのない事態である。居酒屋甲子園的な、「主体的」やる気を盾にとって搾取する、ひどい事態となる。

一方で、経済至上主義的な圧力に対して、「遊び」の領域を確保することで、私たちが自分たちの心と体を守り、自由を守り、圧力を逸らしていけるということも確かだろう。戦略を使い分けながら、よりよく生き延びよう、ということになるだろうか。

1　ヨハン・ホイジンガ『ホモ・ルーデンス――人類文化と遊戯――』中央公論社、一九七一年九月、一一頁。原著は一九三八年。

2　ダニエル・ピンク「やる気に関する驚きの科学」（ＴＥＤ）http://www.ted.com/talks/dan_

pink_on_motivation?language=ja

第12章

生涯学習は私たちの社会の新しい管理形態なのか

教育再生実行会議・ドゥルーズ・学びの両義性

安倍晋三首相の私設諮問会議である「教育再生実行会議」が、先日、「学び続ける」社会と銘打って、生涯学習についての提言をしていた。

大学にいろいろな人がいつでも戻ってきて勉強しやすくなる、というのは基本的にはすばらしいことだと思う。一八歳人口が減って入学者確保に躍起になっている大学にとっても利点のある話だし、一定の年齢に達したあと、もう少し／もう一回勉強したい、と思っている人にとっても魅力的な話である。

両者めでたしめでたしで、私も基本的には賛成なのだけれど、話はそれほど単純ではない。取り上げるのは今触れた教育再生実行会議の第六次提言と、哲学者ジル・ドゥルーズの管理社会論である。

話の骨子を先に書いておくと、教育再生実行会議のいう生涯学習は、人々の「再―学生化」ではなくて「再―人材化」の方策で、教育政策の顔をした経済政策の色が強いということ。そしてそれは現政権の問題であるが同時に「管理社会」としての広汎な現代社会の問題でもある、ということである。

教育再生実行会議の第六次提言とは

提言は「「学び続ける」社会、全員参加型社会、地方創生を実現する教育の在り方について」というタイトルで出されている。[1] 冒頭、提言では、これからの教育のあり方を二つの点から考える必要があると主張されている。

一つは、急速な経済社会の変化に応じて、職業の在り方が様変わりしている中で、生涯を通して社会で活躍していくためには、学校卒業までに身に付けた能力だけでは不十分であり、社会に出た後も、学び続けることにより、新たに必要とされる知識や技術を身に付けていくことが不断に求められるということである。

もう一つは、働き方の多様化により、フルタイム労働以外の柔軟な雇用形態が増え、また、仕事と生活の調和（ワーク・ライフ・バランス）の進展もあいまって、労働時間の短縮も見込まれる中で、これからは、一人一人が仕事以外の時間をいかに創造的、生産的に過ごすかということが、それぞれの幸せや生きがいにとって重要性を増してくるということである。そうした時間をいかし、更にチャンス・可能性を拡大できるようにすることが重要であり、そのための学びの機会を、いかに社会全体で提供できるかが大きな意味をもってくる。

つまり、提言は(1)社会の変化に適応し活躍するために、「学び続けること」が必要である、(2)仕事以外の時間を創造的、生産的に過ごすために個人は仕事以外の時間において学ぶ必要があり、その機会を社会全体で提供する必要がある、と言っている。それを実現するのが「社会に出た後も、多様な全ての人が、都市でも地方でも、学び、輝き続ける社会」であり、現政権の「国家戦略」なのだという。

理念はよい、と私は思う。「～ねばならない」的な強さにするのか、「～することもできる」的なゆるさにするのかで相当違うとは思うが、「学び続ける」ことはよいことだし、仕事以外の時間で幸せや生きがいを見つけることはすばらしいことだ。

教育の提言なのか、経済・経営の提言なのか

ところがこの提言、冒頭の導入以下、妙な方向へ進行していく。全体の構成は、生涯学習に関すること、多様な人材による全員参加型社会に関すること、教育による地方活性化に関すること、の三つからなっているのだが、特に最初の生涯学習のところに注目する必要がある。

提言の五ページから六ページにかけて、具体的な項目が列挙されているのだが、要約するとこんな感じである。

◎社会人の多様なニーズに対応する教育プログラムの充実

大学、専修学校等は、社会人や企業のニーズに応じた実践的・専門的な教育プログラムの提供を推進する。

大学、専修学校等は、民間企業などの多様な主体の参画の下で社会人教育プログラムを開発・提供する取組を推進する。

国は、アスリートの引退後のキャリア形成について企業等とのマッチングや職業能力育成などの支援を行う。

◎学びやすい環境の整備

大学等は、社会人が仕事等と両立しつつ必要な単位を取得しやすい教育プログラムの提供を進める。

社会人が24時間いつでも学べるよう、大学等は、e-ラーニングを活用した教育プログラムの提供を推進する。

国は、大学、専修学校等で、社会人が産業界のニーズに対応した実践的・専門的な学びを行う際の受講料等の経済的支援を充実する。

国は、大学等の学修に加え、大学等の公開講座、各種の検定試験、通信教育などを評価・活用できる仕組みを構築する。

◎教育行政と労働、福祉行政の連携強化

文部科学省と厚生労働省が連携するなど、教育行政と労働、福祉行政の連携強化を図る。

事業主の協力も得て、社会人が、新たな知識・技能を身に付けるための支援策を行政が考える。

いろいろ並んでいるが、「社会人や企業のニーズ」「民間企業など〔…〕の参画」「企業等とのマッチング」「職業能力の育成」「産業界のニーズ」「事業主の協力」などという言葉が目に付く。とりわけ一つ目のセクション「社会人の多様なニーズに対応する教育プログラムの充実」が、教育プログラムの内容を提案しているわけだが、三つある項目の三つとも企業・就業指向であることに目をとめたい。そこでは「社会人が職業に必要な能力や知識を高める機会を拡大するため」であるとか、「就業、起業、地域活動への従事」だとか、「公的職業訓練を一層推進」だとか、「企業等とのマッチングや職業能力育成のための研修」だとかが、言われている。

学び続け、仕事以外の時間において幸せや生きがいを見つけることはすばらしいことだと思うのだが、教育再生実行会議の考える「学び続ける」社会とは、どうも「学ぶことによって再び企業の求める人材になること」であるかのようである。

提言はこのあと「全員参加型社会」と「地方創生」を教育の観点から考える提言が続く。ここはここで興味深い論点がたくさん入っている。とくに、「多様性（ダイバーシティ）を認め合う社会へ」という項目については、それって「多様性（ダイバーシティ）」なのか？　など言いたいこともいろいろあるが、本題から外れるためここでは触れない。

ドゥルーズの管理社会論

いま紹介してきた教育再生実行会議の第六次提言を読んで思い起こしたのが、ジル・ドゥルーズが言っていたことである。ドゥルーズは、『記号と事件』の中でこんなことを述べていた。

いま、手探りの状態でその形をととのえつつあるのは、新しいタイプの懲罰であり、教育であり、また治療であるわけです。開放病棟とか、在宅介護チームなどは、もうかなり以前から実現している。これから先は教育が閉鎖環境の色合いをうすめ、もうひとつの閉鎖環境である職業の世界との区別も弱まっていくだろうし、やがては教育環境も職業環境も消滅して、あのおぞましい生涯教育が推進され、高校で学ぶ労働者や大学で教鞭をとる会社幹部を管理するために「平常点」の制度がととのえられていくにちがいありません。学校改革を推進するかに見せかけながら、実際には学校制度の解体が進んでいるのです。管理体制の中では何ひとつ終えることができない。[2]

「管理」の体制の中では、我々は勉強を終えることができない！　うーむ、そう来たか、ドゥルーズ。

ドゥルーズは、ミシェル・フーコーの考えたことを下敷きにしながら、私たちの社会が「監禁」の体制から、「管理」の体制へと徐々に移行していると見立てている。わかりやすい例は病院の例だろう。「監禁」の体制＝規律社会を代表するのは、周囲の社会から切り離された閉鎖病棟であり、そこで患者は患者としてふさわしい扱いをされてふさわしい振る舞いを求められる。一方「管理」の体制＝管理社会を代表するのは、デイケアであり在宅介護である。そこで患者は患者であるが同時に通常の生活者でもある。ドゥルーズはいう。「デイケアや在宅介護などが、はじめのうちは新しい自由をもたらしたとはいえ、結局はもっとも冷酷な監禁にも比肩しうる管理のメカニズムに関与してしまったことも忘れてはならない[3]」。病院は退院できるが、在宅介護は退院できない。

暴力的に要約すると、ドゥルーズが「管理社会」としての現代社会の特徴として考えているのは、権力が特定の組織や体制の中だけに及ぶのではなく、複数の組織を横断する形で及んでおり、これまでであれば個別の規律の論理をもっていた工場や監獄や病院や学校が、その形を変貌させながら相互に連携しあう社会になっている、ということである。その際のテクノロジー的な鍵を握るのが、コミュニケーションのツールであり、とりわけコンピュータである。

境目のない大学と、競争による不安定状態

前述の教育再生実行会議の議論に、これはよく当てはまる。つまり、提言で言われていたことは、ドゥルーズ風に言い換えれば、「大学を終わらないものにしよう」「どこでも大学にいられるようにしよう」「企業と大学の境目を消失させよう」ということだからである。

境界をなくした大学＝企業においては、教育と職業訓練の境目は曖昧となり、キャンパスと職場と自宅の境目も曖昧となる。学生、社会人、家庭人、退職者の境目も曖昧となり、大学生活と就業時間との境目もあいまいになる。教育と人材開発の境目も曖昧となり、研究と商品開発の境目も曖昧となる。

統治の論理も変わる。規律訓練の体制においては、個人は組織の一部であるように均質化され、集団として機能するように仕向けられてきた。個人を律するのは指令の言葉であった。これに対し管理の体制では、個人は組織に奉仕するのではなく、データ的に分割され、マーケットの論理で計数化されるようになる。個人は集団の一部として働くことをもう要請されず、むしろ組織内で個人と個人とが競争し合うように仕向けられる。能力給は、その仕組みにもっとも適合的なシステムだ、とドゥルーズは言う。

大学が競争的な環境に置かれ、大学同士が競い合うよう仕向けられ、教員も評価制度の下で同僚と成果を競うように促されている。年俸制の導入も急ピッチで進められている。この競争を支えているのは、すべてを数値化する「業績主義と評価」の仕組みである。この仕組みのもと、論文も学会発表は本数で数えられ、学生は頭数で数えられ、授業も委員会も担当数を数えられ、社会貢献も点数で数えられ、大学の力はランキングで測られる。教員も、学生も、職員も、大学そのものも、一人の個人、一つの大学という固有性を剥奪されて、平準化された数字の積算と比較の世界に放り込まれていく。

これは新自由主義的でグローバルな市場経済の、大学への侵入だという風に通常は説明されるし、それは正しい。だが、ドゥルーズは別の説明の仕方をする。それは私たちの社会の新しい統治の形態だ、というのである。競争的な「不断の準安定状態」(「追伸」二九五頁)こそが、管理社会の論理だと彼はいう。

大学は、私たちは、競わされているが、一体それは何のためなんだろう? 競うことは自分たち自身のためだと私たちは思っているが、競うことが管理の体制そのものだとしたら、私たちは一体何をしているのだろう?

管理社会の管理者は政府ではない

誤解のないように言えば、ここで言っている「管理社会」というのは、首相や政府など統治者が人民を管理する社会という意味ではない。それは誰かが誰かを支配するというモデルではない。私たちの社会がどのような仕組みで動いているのかという、「仕組み」の説明であって、その仕組みは支配者/被支配者、管理者/被管理者が対になっているようなモデルではない。「管理社会」というモデルは、首相も閣僚も官僚も起業家もサラリーマンも自営業者も研究者も学生も専業主婦も退職者も——つまりすべての人々を覆い尽くす社会の仕組みを説明する理屈である。

したがって、私はここで教育再生実行会議をやり玉に挙げているように見えるかもしれないが、この会議及びその設置者たる現首相を批判するために書いているのではない。特定の組織や人物を批判して、その偏りが正せるのならば喜んでそうしたいところだが、残念ながら問題は一首相や一政権の問題ではない。フランス人であり主にフランス社会を念頭に置いていたであろうドゥルーズの議論が、現代の日本にそのまま当てはまってしまうのがその証拠である。問題は、現代社会の統治の構造そのものなのだ。

管理社会に出口はあるか――学ぶことの両義性

出口は、ないのだろうか。原因が一人の個人や組織になく、社会全体の仕組みそのものなのだとしたら、管理社会に抗う手段はないのだろうか。

ドゥルーズは、同じインタビューの中で、抵抗のために重要なのは「管理を逃れるために非=コミュニケーションの空洞や断続器をつくりあげることだろう」と言っている(二九〇頁)。管理社会がコミュニケーションを操り、情報機器によって制御される社会であるとされるのだから、この解答はまあそうなるだろう。要は「オフライン」を創り出せ、ということか。

私はここでもう一度、「学び続ける」ということに戻って、私なりに考えてみたい。

ドゥルーズ的な見方は、とても悲観的だ。生涯学習は、〝学びが終えられない〟事態と捉えられ、企業と大学との境界の消失だと見なされる。教育再生実行会議の提言をみる限り、ドゥルーズの洞察力はやはり飛び抜けたものだと思う。

だが私は「学ぶ」ということについてもう少し楽観的だし、その力を信じている。現代社会において学ぶことはさまざまな意味で企業的な論理と無縁ではいられないだろうが、学ぶことが私たち自身を解放する力の根源でありつづけることは変わるまい。

教育の場は、大学という空間は、今後もますます企業との境界を消す方向で進むだろう。もしかしたら企業だけでなく、官庁や市場や病院や軍隊との境界も消えていくかもしれない。私たちはこれからの社会で、学び続けることが両義的であるということを自覚するべきだ。学ぶことは、それ自体が管理の体制の中に入ることである。しかし同時に、学ぶことを放棄して、管理の体制から逃れる道はない。

逃れることができないような管理の体制の中で、なお逃れようともがくためには、私たちはやはり学びを続けなければならない。学ぶことだけが、管理の権力に絡め取られた私たち自身の姿を明らかにしてくれる。学ぶことだけが、私たちに盲目的無自覚的な管理体制への服従から逃れ出る道を示してくれる。

学びの回路を「断続」する

大学の境界が消えていき、学びが両義性をもっていく社会の中で、私たちはどう振る舞えばいいのか。重要なのは、「学ぶ者」「学ぶこと」の意味や価値を、折に触れて確認し続けることだと思う。それは消えていく「学」というものの境界を、再確認し続けるということでもある。

「学ぶ者」は、顧客ではないし、起業家でも経営者でもない。官僚ではないし、会社員でもない。開発者ではないし、軍人でもない。

「学ぶ者」はデータではないし、サンプルではない。「学ぶ者」は、要素ではないし、点数ではないし、番号ではないし、端末ではない。「学ぶ者」「学ぶこと」「学ぶ場」は、ランキング化できない。

学徒は、学び、考える者だ。

一方で、管理の社会の諸装置なしに私たちは学ぶことも考えることもできなくなっているのはたしかだ。ユートピア的な「学」の独立を叫んでも、ノスタルジーにしかなるまい。ドゥルーズは「断続器」の重要性を言った。断続器——回路を遮断したり、つなげたりするものだ。

私たちは、私たちをつなげている回路からもう逃れることはできない。しかし回路を一時的に切ったり、再度つなげたりすることはできるはずだ。重要なのは切断することと接続することの主体性を、私たちが私たちの手の中にもちつづけることである。

そのためには、私たちは私たちの社会がどのような形に変貌して行っているのか、よく目をこらして見、そのあり方について考えなければならない。どうしたら回路を「断続」させることができるのかを知るためには、私たちは広い意味での「学び」を続けなければならない。

生涯学習は、その意味で管理社会を生きる我々すべてにとって重要だ。学びは、私たちを自由にするのだから。

1 「「学び続ける」社会、全員参加型社会、地方創生を実現する教育の在り方について」(教育再生実行会議、第六次提言、二〇一五年三月四日)http://www.kantei.go.jp/jp/singi/kyouikusaisei/pdf/dai6_1.pdf

2 ジル・ドゥルーズ「管理と生成変化」『記号と事件』河出書房新社、一九九二年四月、二八八—二八九頁。もとのインタビューは一九九〇年に行われたもの。

3 ジル・ドゥルーズ「追伸——管理社会について」、前掲『記号と事件』所収、二九四頁。

あとがき

この本に収められた文章は、もともと私がブログの記事として書いたものがほとんどである。私のブログは近況報告とか研究雑感とか子育ての話とか、ほとんど身内の読者にとってしか興味のないさびれたブログであるが、昨年の夏、突然その中の一つの記事が猛烈な勢いで拡散され始めた。本書の第1章がその記事である。公開した夜の内にツイッターで数多くリツイートされ、はてなブックマークでホット・エントリ入りし、BLOGOSから転載させてくれと言われ、それを読んだという全然縁のなかった雑誌の編集者から原稿の依頼をされ（第2章に収めた）、さらにそれを読んだ新聞記者がやってきて全国紙のオピニオン欄に出る羽目になった。本にしよう、と声を掛けてくれたひつじ書房の松本功さんも、注目して下さったお一人だった。

自分の研究分野に関わるところでしか、ほとんど文章を発表してこなかった自分としては、戸惑うことが多かった。研究仲間や友人、家族たちも何が始まったのかと驚いただろう。私は「大学論」「高等教育研究」の専門家でも何でもないのだから。

その、専門家でもなんでもない私が、松本さんの勧めに乗って本にしようかと思ったのは、自分の言葉が社会的な関心に多少触れているような手応えを感じていたからである。その意味では、この本の原稿をまずブログの記事として書き継いでいったという経験も大きかった。自分の関心のありどころと、読者の関心のありどころの交差点を探るには、反応をリアルタイムで得やすいネットの言論空間は格好の場だった。

もとより十分な議論ができているとは思っていない。オリジナルな議論ができているとも思ってはいない。その意味でこの本はアマチュアの本である。だが、開き直って言うのではなく、大まじめに言うのだが、「大学論」はアマチュアの議論であっていい。高等教育論の専門家や、教育政策の専門家はいるが、彼らだけが正解を握っているわけではない。大学は多様な関係者が参与する組織であり、その機能も多彩で、多方面におよぶ。そしてそれを運用する主体は原理的には社会の成員全員である。それぞれによる、それぞれの「大学論」がなされるべきである。

本書に収めた文章のうち、第2章のみが初出雑誌をもつ。『月刊 自治研』二〇一四年一二月号に掲載された。本書への収録を快く認めて下さった編集部に感謝する。

ひつじ書房の松本功さんがいなければ、この本はそもそも存在しない。松本さんは雑誌や新聞に私の文章や発言が載る前から、ブログ記事を読んで出版を慫慂して下さった。松本さんという読者と、松本さんの設定した締め切りがなければ、この本はこのような形にならなかった。編集に際しては同書房の海老澤絵莉さんにもお世話になった。お二人に心より御礼を申し上げる。

二〇一五年四月　新学期のキャンパスにて

日比嘉高

【著者紹介】

日比嘉高（ひび よしたか）

〈略歴〉名古屋市出身。金沢大学文学部卒、筑波大学大学院博士課程文芸・言語研究科修了。博士（文学）。筑波大学文芸・言語学系助手、京都教育大学教育学部講師、同准教授を経て、2009年4月より現職（名古屋大学大学院文学研究科准教授）。カリフォルニア大学ロサンゼルス校日本研究センター客員研究員（2002–2003）、ワシントン大学客員研究員（2009）。近現代日本文学・文化、移民文学、出版文化が専門。

〈主な著書・論文〉『〈自己表象〉の文学史——自分を書く小説の登場』（翰林書房　2002年）、「プライヴァシーの誕生——三島由紀夫「宴のあと」と文学、法、ゴシップ週刊誌」（『思想』1030号　2010年）、『ジャパニーズ・アメリカ——移民文学・出版文化・収容所』（新曜社　2014年）、「越境する作家たち——寛容の想像力のパイオニア」（『文學界』69巻6号　2015年）

個人ブログ「日比嘉高研究室」において、研究や日々の近況、大学論などについて書いている。本書の内容の多くは、同ブログに掲載した記事を元にしている。

http://hibi.hatenadiary.jp

いま、大学で何が起こっているのか

Changing Japanese Universities: Restructuring, Neoliberalism, and Globalization

HIBI Yoshitaka

発行　2015年5月29日　初版1刷
　　　2015年9月17日　2刷

定価　1500円＋税

著者　© 日比嘉高

発行者　松本功

装丁者　渡部文

印刷・製本所　株式会社 ディグ

発行所　株式会社 ひつじ書房

〒112-0011 東京都文京区千石2-1-2 大和ビル2F

Tel.03-5319-4916 Fax.03-5319-4917

郵便振替 00120-8-142852

toiawase@hituzi.co.jp　http://www.hituzi.co.jp/

ISBN978-4-89476-769-0　C0037